Lutherdenkmal in Eisenach

Hartmut Ellrich

REISEWEGE ZU LUTHER

Ein Führer zu den Wirkungsstätten des Martin Luther (1483–1546)

MICHAEL IMHOF VERLAG

Abbildungsnachweis

Hartmut Ellrich: S. 8 oben, S. 9 beide, S. 10 alle, S. 11 beide, S. 12 oben, S. 13, S. 14 beide, S. 21 alle, S. 24, S. 25 Archiv, S. 31, S. 32, S. 33 alle, S. 34 alle, S. 35, S. 41 alle, S. 42 unten, S. 43 beide, S. 44, S. 45, S. 46, S. 47 beide, S. 48 oben, S. 49 beide unten, S. 50, S. 51 beide, S. 52 oben rechts, S. 53 unten, S. 64, S. 65 unten, S. 66 beide, S. 68 beide, S. 96 beide, S. 97, S. 98 oben beide, S. 99, S. 100 unten, S. 101 beide, S. 105 unten, S. 115, S. 116, S. 117 beide, S. 118, S. 119 alle, S. 120, S. 124, S. 133.
Wikimedia Commons (CC BY-SA 3.0): S. 15 oben u. Mitte (Peal1903), S. 15 unten (Doris Antony), S. 16 unten (Dark Avenger), S. 17 oben (Alois Wüst), S. 17 Mitte (ReclaM), S. 18 oben (Jwaller), S. 18 unten (Sebastian Poster), S. 19 unten (BornaerBubi), S. 27 oben (Andreas Praefcke), S. 27 unten (M_H.DE), S. 30 unten (Derbrauni), S. 56 beide (Störfix), S. 57 (Holger Zürch), S. 58 oben (Dguendel), S. 58 unten (Joeb07), S. 59 oben (Jana Maenz), S. 60 (Andreas Praefcke), S. 62 unten links (White shark), S. 62 unten rechts (Concord), S. 63 oben (Fenchelkiwi1), S. 69 beide (Detlef Huhn), S. 71 unten (Appaloosa), S. 72 (Norbert Kaiser), S. 73 beide (Jwaller), S. 77 unten rechts (Jwaller), S. 77 oben u. Mitte (Meiert), S. 79 (franzfoto), S. 82 (hahaha), S. 84 (Jwaller), S. 85 unten (hoger), S. 90 u. S. 91 oben rechts (Peter1936F), S. 91 oben links, S. 91 unten links (Joris van Rooden), S. 91 unten rechts (Andreas Faessler), S. 92 unten links u. S. 93 (Maros Mraz), S. 108 (Sebastian Wallroth), S. 111 oben (Wolkenkratzer), S. 138 unten (Berthold Werner), S. 139 (André Karwath aka), S. 140 (h2k4), S. 141 oben (André Karwath aka).
Wittenberg Kultur e.V.: S. 121, S. 125 oben, S. 127, S. 129.
Übersichtskarte hintere Umschlaginnenseite: Anja Schneidenbach, Michael Imhof Verlag
Alle übrigen Fotos und Vorlagen: Michael Imhof und Michael Imhof Verlag

Der Verfasser dankt der Tourismus-Information Wittenberg für die bereitgestellten Bildvorlagen sowie dem Michael Imhof Verlag für die angenehme Zusammenarbeit!

Umschlag vorne: Lutherdenkmal in Eisenach; Wartburg bei Eisenach
Umschlag hinten: Blick auf Stadtkirche und Lutherdenkmal in Wittenberg
S. 1: Lutherbrunnen in Mansfeld

Michael Imhof Verlag
Stettiner Straße 25, D-36100 Petersberg
Tel. 0661 / 2919166-0, Fax 0661 / 2919166-9
info@imhof-verlag.de, www.imhof-verlag.com

Gestaltung und Reproduktion: Michael Imhof Verlag
Druck: Werbedruck GmbH Horst Schreckhase, Spangenberg

Printed in EU

ISBN 978-3-7319-0236-2

Inhalt

Vorwort

Martin Luther ist nicht erst durch die 2008 eröffnete Lutherdekade in aller Munde. Sein Geburtshaus in Eisleben ist seit 1693 eines der frühesten deutschen Museen und seine geflügelten Worte sind Teil unseres Sprachschatzes.

Wer kennt nicht „Perlen vor die Säue werfen" (Mt 7,6), „Sein Haus auf Sand bauen" (Mt 7,26) oder „Ein Herz und eine Seele" (Apg 4,32). „Luthers Sprache muss in ihrer edlen, fast wunderbaren Reinheit für Kern und Grundlage der neuhochdeutschen Sprachniedersetzung gehalten werden", stellte Jacob Grimm, der Sprach- und Literaturwissenschaftler sowie Begründer der deutschen Philologie 1822 fest.

1521 hatte Luther auf der Wartburg mit der Übersetzung der Bibel begonnen. Um eine Übersetzung in eine für alle deutschsprachigen Menschen verständliche Sprache zu ermöglichen, erfand er neue Worte wie „Lückenbüßer" oder „Machtwort" und versuchte, eine einheitliche Schreibweise durchzusetzen.

36 seiner Lieder sind heute überliefert, einige, wie sein Weihnachtslied „Vom Himmel hoch, da komm ich her", sind bis heute ungemein populär. Luther schrieb es für seine Kinder. Das Psalmlied „Ein' feste Burg ist unser Gott" hat bis heute für den Protestantismus große Symbolkraft.

Für seine komplexe Theologie, die systematisch mit dem vierfachen „Solus" zusammengefasst wird, nahm Luther 1521 den Bruch mit der katholischen Kirche in Kauf, die ihn als Ketzer für vogelfrei erklärte:

solus Christus – Allein Jesus Christus schafft durch seine stellvertretende Hingabe am Kreuz ein für allemal den Glaubenden Rechtfertigung und Heiligung

sola gratia – Allein durch Gnade, ohne jedes eigene Zutun wird der Mensch von Gott gerechtfertigt.

sola fide – Allein durch den Glauben, die geschenkte Annahme Jesu Christi, kommt unser Heil zustande.

sola scriptura – Allein die Heilige Schrift ist die Quelle des Glaubens an und Wissens von Gott und daher der kritische Maßstab allen christlichen Redens und Handelns.

Entgegen seiner Absicht kam es zur Kirchenspaltung, die nach Luthers Tod und dreißig Jahre nach der Veröffentlichung seiner 95 Thesen mit den Konzilsbeschlüssen von Trient 1547 besiegelt wurde. Im November 2014 titelte die Frankfurter Allgemeine Zeitung provokativ „Martin Luther – Freiheitskämpfer oder Volksverhetzer?" zum heutigen Umgang mit Luther. Tatsächlich ist die Beschäftigung mit seiner Person für manchen Zeitgenossen schwierig, sein Umgang mit Juden, Türken, mit dem Satan … Politiker versuchen gern, ihn politisch zu sehen, ihn, der sich noch 1529 in Marburg sträubte, Theologie und Politik zu verquicken. Dennoch scheint er heute vielen Menschen fern, nicht greifbar – trotz der zahlreichen Luther-Denkmäler landauf -landab. Auf dem Wittenberger Markt steht sein ältestes Denkmal von 1821, geschaffen von Gottfried Schadow, und in Worms, dem Schicksalsort des Jahres 1521, das größte Luther- und Reformationsdenkmal von 1868. Das wohl jüngste von 2011 steht im sächsischen Borna. Für den Publizisten Hans Magnus Enzensberger gehe das „Gefühl von innen" im Sinne eines Handschuhs, mit dem man in vergangene Zeit vordringen könne, gerade bis ins 18. Jahrhundert. Luther

scheint damit nicht mehr greifbar, der geschichtliche Raum fühle sich taub an. Der vorliegende Reiseführer „Reisen zu Luther" sucht diesem Taubheitsgefühl entgegenzuwirken. Wie man Luther sieht oder sehen möchte, bleibt jedem selbst überlassen. Er hat seinen festen Platz in der Geschichte, und man wird an ihm schon durch die massige Gestalt nicht unbedingt leicht vorbeikommen. 40 Orte von Altenburg bis Zwickau gilt es zu entdecken – mit Luthers Worten, auf seinen Wegen, durch heute gut gemachte und didaktisch klug aufbereitete Ausstellungen und mit dem Versuch einer konsequenten Historisierung Luthers.

Wartburg bei Eisenach

Ohrdruf, im Februar 2015
Hartmut Ellrich

Altenburg

Altenburger Wahrzeichen: die Roten Spitzen

Die einstige Residenzstadt Altenburg blickt auf eine über 1030-jährige Geschichte zurück. Ihre erste urkundliche Erwähnung datiert ins Jahr 976. Weltbekannt wurde Altenburg als Spielkartenstadt. 1820 wurde hier das Kartenspiel Skat erfunden. Hoch über der Stadt thront das Schloss. Ein Wahrzeichen sind die „Roten Spitzen" der einstigen Stiftskirche St. Marien. Wichtige Disputationen und Visitationen und nicht zuletzt die Freundschaft zu Georg Spalatin, dem Geheimsekretär und Hofprediger Friedrichs des Weisen, führten Martin Luther wiederholt nach Altenburg. Anfang Januar 1519 kam Martin Luther erstmals in die rund 3000 Seelen zählende Stadt Altenburg, wo er auf Anordnung des Kurfürsten Friedrich des Weisen mit dem päpstlichen Nuntius und sächsischen Kammerjunker Karl von Miltitz (um 1490–1529) zusammentraf. Miltitz versuchte, Luther zum Widerruf seiner 95 Thesen oder zumindest zum Stillschweigen bewegen. Die am 31. Oktober 1517 bekannt gemachten Thesen – als Streitschrift über Ablass und Gnade unter Fachkollegen gedacht – hatten sich in nur 14 Tagen mit enormer Geschwindigkeit über Deutschland verbreitet. Der massive Angriff erschütterte die römisch-katholische Kirche in ihren Grundfesten und sorgte gleichzeitig für eine rasante Verbreitung des reformatorischen Gedankengutes.

Das Interesse des Papstes Leo X. an dem Gespräch zwischen Miltitz und Luther war politischer Natur, denn der Papst brauchte die Unterstützung der Kurfürsten wie gerade Friedrichs des Weisen für seine eigenen Bestrebungen, nämlich die Wahl des Enkels von Kaiser Maximilian, Karl von Spanien, zum deutschen Kaiser zu verhindern. Papst und Kurie befürchteten eine Vergrößerung der spanisch-deutschen Macht in einer Hand und sahen ihre Interessen in Italien gefährdet. Die Weigerung Friedrichs des Weisen vom 27. August 1518, die Wahl Karls zum deutschen Kaiser zu unterzeichnen, ließ ihn zu einem wertvollen Bundesgenossen der Kurie werden, die es sich etwas kosten ließ, den Kurfürsten bei seiner Entscheidung zu halten. So erst ist es zu erklären, dass Kardinal Cajetan Luther 1518 in Augsburg und nicht in Rom und auf Bitten Friedrichs des Weisen hin „väterlich" und nicht „richterlich" verhörte und ihn nach Wittenberg zurückkehren ließ. Die beiden Kontrahenten Cajetan und Luther wollten oder vielmehr konnten sich nicht verstehen, zu schwer wogen die Anschuldigungen Luthers gegen den Ablass. Cajetan wollte Luther dennoch einmal wiedersehen: zum Widerruf.

Die sächsischen Räte versuchten in der Folgezeit mögliche negative Erscheinungen in der „causa Lutheri" (Luthersache) zu verzögern. Am 27. Dezember 1518 teil-

Matthäus Merian d. Ä.: Altenburg um 1650 (aus: Topographia Germaniae)

te Karl von Miltitz Spalatin seine Ankunft für den 27. Dezember in Altenburg mit. Tatsächlich traf er einen Tag später dort ein, wo er den versammelten Hof vorfand. Luther traf mit Miltitz und dem kurfürstlichen Rat Fabian von Feilitzsch am 3. oder 4. Januar 1519 in Spalatins unter dem Schloss gelegener Domherrenwohnung zusammen. Die Gespräche dauerten nur kurze Zeit. In einem Schreiben an den Kurfürsten teilte Luther Friedrich dem Weisen mit, über welche Artikel der Thesen er sich mit Miltitz geeinigt hatte. Miltitz riet Luther zum Schweigen, weshalb das Treffen auch als „Altenburger Schweigeabkommen" bekannt wurde. Der Reformator sollte zunächst nicht mehr länger über den Ablass schreiben und predigen, und er hielt sich eine Zeit daran. Schließlich aber brach Luther sein Schweigen, weil verabredete Verbindlichkeiten seitens der Kurie nicht eingehalten wurden – und Miltitz ganz offenbar seine Kompetenzen dahingehend weit überschritten hatte. Das Gebäude, in dem Miltitz und Luther zusammentrafen und Luther auch wohnte, ist nicht erhalten. Es befand sich Unterm Schloss 1, zwischen ehemaliger Hauptpost und Theatercafé.

Das *Altenburger Schloss* trat um 800 als slawische Burganlage erstmals in Erscheinung. Zum ersten Mal urkundlich erwähnt wurde der „pagus plisni" mit Altenburg und neun Dörfern 976 unter Otto II. Unter wettinischer Herrschaft fanden sich Burg und Stadt Altenburg, die 1256 das Stadtrecht erlangt hatte, seit 1307 nach der Schlacht bei Lucka. Infolge der Altenburger Teilung 1485 wurde Altenburg ernestinisches Kurfürstentum mit Wittenberg als Hauptstadt. Blickt man sich auf dem heutigen Schlosshof um, so ist die so genannte „Flasche" noch Teil der ersten Burgerweiterung aus dem elften Jahrhundert, während der Hausmannsturm Ende des zwölften Jahrhunderts und der Torturm um 1200 entstanden. Erst 1518 – im Jahr des Treffens von Luther und Miltitz war das Renaissanceschloss auf dem westlichen Burgberg errichtet worden.

Vermutlich betrat Luther das Schloss erstmals 1519, denn vom 3. März dieses Jahres datiert ein Brief, den er als Vereinbarung des „Altenburger Stillschweigeabkommens" demütig an den Papst richtete. Ganz sicher aber weilte Luther Ende April 1526 bei einer Beratung und Anfang März 1528 anlässlich des hier tagenden Landtags nochmals auf dem Schloss.

Acht Jahre nach seiner ersten Predigt in der Stadt hielt Luther am 9. Oktober 1530 auf dem Rückweg von der Veste Coburg in der Schlosskirche seinen ersten Gottesdienst. Die ehemalige Stifts- und Schlosskirche St. Georg ist heute Teil des

Ehem. Stifts- und Schlosskirche St. Georg mit barockem Schlosstor (Triumphbogen)

Obelisk an der Schlossauffahrt von 1727/28

Residenzschloss Altenburg, Torhaus: einziger Zugang bis 1640

Schloss- und Spielkartenmuseums und im Rahmen von Führungen zugänglich. Sie gehört zu den frühen höfischen Sakralräumen unter den evangelischen Schlosskirchen Thüringens. Entstanden war das Gotteshaus zwischen 1439 und 1441 bzw. 1463 bis 1465 anstelle einer ab 1400 errichteten und 1413 von Markgraf Wilhelm II., dem Reichen, geweihten Kapelle eines Kollegiatstifts. Bis in die Gegenwart beeindrucken die prächtigen Gewölbe vor allem des Chorraumes mit überaus reichem Dekoration, die wohl auf Moyses von Altenburg zurückgehen. Das 15. Jahrhundert ist besonders am Außenbau ablesbar geblieben. Der schönste und reichste Schmuck sind die Strebepfeiler am Chor, deren Bögen für den Übergang von der Hoch- zur Spätgotik bezeichnend sind.

Residenzschloss Altenburg, Bergfried (sog. Flasche)

Triumphbogen von 1727/30

Anders als zu Luthers Zeiten atmet das Innere heute den Geist des Barock. Ganz der neuen Lehre verpflichtet entstanden zwischen 1645 und 1649 unter der Leitung des Landbaumeisters Christoph Richter (1589–1677) im Sinne einer evangelischen Predigtkirche die umlaufenden eingeschossigen, säulengetragenen Holzemporen, die dem Raum zu einer malerischen Wirkung verhelfen, die Fürstenloge und der Altar. Letzteren schuf der Schneeberger Künstler Johann Petzold II. (1617– nach 1659) nach einem Plan Richters von 1647. Der Altar zeigt im Oberteil die Auferstehung Christi, flankiert von Palmbäumen, darunter, zwischen vier von Ranken umschlungenen Säulen, ein Relief der Grablegung. Das reich geschnitzte, um 1500 entstandene und vermutlich um 1516 erweiterte Chorgestühl erinnert noch an die ursprüngliche Ausstattung, die Luther erlebt hatte. Die 1595 geschaffene und nach 1645 ergänzte Kanzel nimmt in den freistehenden Figuren von Christus und Luther unmittelbaren Bezug auf den Reformator. Höhepunkt der Ausstattung der Schlosskirche ist die 1735 bis 1739 entstandene Orgel des Altenburger Hoforgelbauers Gottfried Heinrich Trost (1681–1759) mit ihrem prachtvollen, unter Mitwirkung des Altenburger Hofbildhauers Johann Jeremias Martini entstandenen Prospekt auf der Nordempore der Schlosskirche. Im Jahr der Fertigstellung berichtete die Rentkammer an Herzog Friedrich III. von Sachsen-Gotha und Altenburg, dass sich Anfang September 1739 Johann Sebastian Bach (1685–1750) „auf dieser […] Orgel [hat] hören lassen und beyläuffig von der Construction des Wercks judiciret, dass es gut dauerhafft sey, und dass der Orgelmacher in Ausarbeitung ieder Stimme Eigenschafft und behöriger Lieblichkeit wohl reussiret habe." Zwei Jahre zuvor hatte sich der berühmte sächsische Orgelbauer Gottfried Silbermann (1683–1753) ähnlich lobend über das Werk geäußert, das Johann Ludwig Krebs (1713–1780), einer der besten

Schüler Johann Sebastian Bachs, als Hoforganist von 1756 bis 1780 mit Leben erfüllte. Heute zählt die Altenburger Orgel neben der in der Stadtkirche von Waltershausen zu den imposantesten Instrumenten, die von Trost geschaffen wurden, und ist darüber hinaus eines der bemerkenswertesten und bedeutendsten Instrumente ihrer Gattung. Nach ihrer Restaurierung 1974 bis 1976 präsentiert sie sich mit ihren 2223 klingenden Pfeifen wieder im Zustand von 1739. Neben zahlreichen Orgelkonzerten verdient die seit 1991 stattfindende „Thüringische Orgelakademie" Erwähnung. Im Mittelpunkt dieser international besetzten Studienwoche für historische Aufführungspraxis steht immer die Trost-Orgel.

Neben St. Nikolai gehörte ***St. Bartholomäi*** als wichtigste Pfarrkirche der Stadt zum Bergerkloster, einem Augustiner-Chorherrenstift. Ein romanischer Vorgängerbau war im Januar 1430 bei der Belagerung Altenburgs durch die Hussiten in Flammen aufgegangen. Teile davon wurden in den 1443 vollendeten Neubau einbezogen. Zu Beginn des Jahres 1522 änderten etliche Altenburgerinnen und Altenburger in Selbsthilfe die Gottesdienstordnung und verletzten damit die Rechte des Bergerklosters. Zwar klagten Propst und Konvent bei den Räten des Naumburger Bischofs in Zeitz, doch waren sich Stadtrat und Gemeinde über den künftigen evangelischen Gottesdienst in der Kirche einig. Im April wandte sich der Rat daher erstmals an Luther mit der Bitte um Vermittlung eines geeigneten Predigers. Dieser empfahl seinen Klosterbruder, den ehemaligen Augustinermönch Gabriel Zwilling, genannt Didymus. Didymus hielt eine Probepredigt, von der sich die Altenburger sehr angetan zeigten, dennoch verweigert der Kurfürst Anfang Mai 1522 zunächst seine Zustimmung, weil die rechtliche Seite der Kirchennutzung noch ungeklärt war und Didymus eine führende Rolle bei den Wittenberger Unruhen gespielt hatte. Die

Ev. Stadtkirche St. Bartholomäi von Westen

Besetzung der Predigerstelle endete mit einem Vergleich, bei dem der Propst des Bergerklosters die Einkünfte des Predigtstuhles freigab und die Stellenbesetzung dem Stadtrat in Übereinstimmung mit dem kurfürstlichen Amtmann überließ. Spalatin, Beichtvater, Geheimsekre-

Bartholomäikirche, Orgel

Rathaus, Großer Ratssaal

tär und Geschichtsschreiber Kurfürst Friedrichs des Weisen, wird als Initiator dieser Entscheidung vermutet, weil er neuen Aufruhr durch Didymus zu verhindern suchte und sich über Luthers Widerspruch hinweg für die Berufung des früheren Generalvikars der Augustiner Wenzeslaus Linck (1483–1547) stark machte. Am 28. Januar 1523 trat Linck, der zuvor das Ordensvikariat niedergelegt hatte, die Pfarrstelle an St. Bartholomäi an, nachdem er im Juni 1522 vom Kurfürsten auf Spalatins Vermittlung hin dazu berufen worden war. Ein herausragendes Ereignis erlebten die Gemeindeglieder von St. Bartholomäi am 15. April 1523, als Wenzeslaus Linck und eine Altenburgerin von Martin Luther getraut wurden. Zu dieser ersten Eheschließung eines evangelischen Geistlichen in Altenburg reisten Philipp Melanchthon, Lucas Cranach, Justus Jonas, Johannes Bugenhagen und Eberhard Brisger (1490–1545) an, der Luther 1524 nach Jena und Orlamünde begleiten wird. Luther und Linck kannten sich seit langem, waren zeitweilig zusammen aufgewachsen. 1518 stand Linck Luther beim Augsburger Verhör durch Kardinal Cajetan bei.

Rathaus

An St. Bartholomäi führte Luther 1523 das Abendmahl in beiderlei Gestalt (Brot und Wein) ein und taufte 1524 das erste Mal auf deutsch nach lutherischem Ritus. Bereits 1525 wurde er nach Nürnberg berufen, um dort die Reformation voranzutreiben. Nach dem Tode Kurfürst Friedrichs des Weisen folgte Georg Spalatin Linck als Pfarrer nach. Am 19. November 1525 heiratete Spalatin die Altenburgerin Katharina Steubel (oder Heidenreich). Die Hochzeit hatte er, Kanoniker des Georgenstiftes, zuvor seinem Ordenskapitel angezeigt, gleichzeitig aber unterlassen, die Stiftsherren zur Hochzeitsfeier einzuladen. Diese erwiderten, dass Eheschließungen von Priestern der römischen Kirche nicht üblich seien und im Altenburger Stift nicht Brauch wären. Darüber könnte man mit dem Blick von heute sicher Schmunzeln, wenn nicht Propst, Dekan und Kapitel die „Hurerei" Spalatins in der Folge offen angeprangert hätten. Luther konnte bei der Hochzeit seines Freundes nicht anwesend sein, da ihn eine Reise nach Altenburg über das Herrschaftsgebiet des Reformations- und Luthergegners Herzog Georg des Bärtigen von Sachsen geführt hätte.

Spalatins Tätigkeit blieb nicht auf St. Bartholomäi beschränkt. So entfaltete er zwischen 1527 und 1542 eine bedeutende Wirkung bei der Etablierung der neuen evangelischen Landeskirche. Als Visitator und erster Superintendent trug er entscheidend zur Reformation bei. Er starb am 16. Januar 1545 in Altenburg und erhielt sein Grab in seiner Kirche St. Bartholomäi vor dem Altar. Philipp Melanchthon verfasste für die schlichte Steinplatte die Inschrift. Doch eine letzte Ruhestätte sollte es dann doch nicht werden: 40 Jahre nach seinem Tod bettete man ihn um, doch wusste man Ende des 19. Jahrhunderts nicht mehr, wohin genau. Seitdem erinnert eine Tafel an der vermuteten Stelle an Altenburgs ersten Superintendenten. Als offene Kirche lädt St. Bartholomäi zur stillen Einkehr ein, genauso wie die ***Brüderkirche***, die man von dort in knapp zehn Minuten erreicht. Der Weg verläuft nach Westen durch die Johannisstraße. Links lässt man Sporenstraße, Weibermarkt und Jüdengasse liegen, um dann in die Brüdergasse einzubiegen und geradewegs auf die namensgebende Kirche zu stoßen. Sie begrenzt den Altenburger Markt nach Westen und beherrscht ihn durch ihre leicht erhöhte Lage am Berghang. Den authentischen Bau, in dem Martin Luther am 28. April 1522 seine erste Altenburger Predigt gehalten hatte, sucht man allerdings heute vergeblich. Alt- und Neubau vereint nur der Name.

Getreu dem Grundsatz des maßgeblich vom Berliner Architekten Johannes Otzen geprägten Wiesbadener Reformprogramms von 1891 entstand an Stelle der alten, 1901 bis auf die fürstliche Gruft von 1627 abgebrochenen Franziskanerkirche und nach einem großen Architekturwettbewerb zwischen 1902 und 1905 am westlichen Rand der Altenburger Altstadt der Neubau der den Markt und die Stadt gleichsam beherrschenden Brüderkirche.

Brüderkirche

Der Berliner Architekt und Preisträger Jürgen Kröger (1856–1928), den Otzen 1882 in die Hauptstadt geholt hatte, schuf einen gewesteten quadratischen Zentralbau aus rotem Backstein mit hellen Werksteinelementen. Leider wird die überreich gestaltete Fassade mit ihrer seitlichen Turmanordnung (Turmhöhe: 76 Meter) dem gut gelösten Innenraum nicht voll gerecht. Die Fassade prägen frühromanische und gotische Bauformen, während das Innere mit seiner weißen Backsteinverblendung und der original erhaltenen bauzeitlichen Ausstattung mittelalterliche und Jugendstilelemente vereint. Eine breite Freitreppe mit Brunnen führt auf die Kirche zu, deren Fassade ein großes, vom Berliner Künstler Otto Berg geschaffenes Mosaik mit der Bergpredigt (1986 restauriert) enthält, unter dem sich die Reliefschilde der Altenburger Reformatoren Georg Spalatin und Wenzel Linck befinden. Die Fassade weist ferner eine von Richard Grüttner geschaffene Lutherstatue auf, die den Hinweis auf dessen erste Altenburger Predigt im Vorgängerbau enthält. Die Kirchenfenster schuf Paul Gathemann, sämtliche Skulpturen und den Altar aus Kalkstein fertigte der Berliner Bildhauer Richard Grüttner. Am 7. Mai 1905 wurde das neue Gotteshaus geweiht.

Anders als der historistische Bau ragte die alte Brüderkirche auf ihrer zum Markt hin gerichteten Ostseite stärker in die Straße hinein. Ihre Erbauer waren Franziskanerbrüder, die um 1230 nach Altenburg gekommen waren. Mit der Zuweisung eines Grundstücks in der Nähe des Marktes versuchten die Altenburger, den übermächtigen Einfluss der Augustiner-Chorherren abzuschwächen, mit denen es zu Beginn des 13. Jahrhunderts zu stärkeren Interessengegensätzen gekommen war. Das Franziskanerkloster entstand 1270 bis 1280 samt zugehörigem Kreuzgang. 1501

Nikolaiturm

bis 1512 ließen Kurfürst Friedrich der Weise und sein Bruder Johann das Gotteshaus beträchtlich erweitern und umbauen. 1797 wurde das Langhaus abermals nach Westen verlängert. Das Besondere aber ist die Gruft, die vermauert bis heute erhalten ist und die Särge von Angehörigen des Altenburger Fürstenhauses der Zeit von 1627 bis 1675 birgt. In der alten Brüderkirche fand auch der Ururenkel Martin Luthers, Johann Friedrich Luther, 1677 seine letzte Ruhe.

Zwar blieb die Bauernbewegung in Altenburg räumlich begrenzt, doch zogen am 1. Mai 1525 Bauernhaufen auch in Altenburg ein und stürmten und plünderten zunächst mit der Bevölkerung die Kirchen und Klöster. Erst Kurfürst Johann der Beständige konnte den Aufstand niederwerfen und ließ am 12. Juli 1525 die vier Haupträdelsführer unweit der Brüderkirche auf dem Markt öffentlich hinrichten.

Nicht mehr als zehn Minuten Weg sind es von der Brüderkirche bis zu dem auf der südwestlichen Anhöhe der Stadt gelegenen ***Nikolaiturm***. Von hier aus hat man eine prächtige Aussicht auf Altenburg und über 50 Kilometer weit ins Altenburger Land. Fast dörflich-beschaulich mutet die Bebauung um den im Kern romanischen Nikolaiturm an. Das 1223 erstmals urkundlich erwähnte Gotteshaus war neben St. Bartholomäi die zweite Stadtkirche des vorreformatorischen Altenburg. Während der Reformation galt die ebenso zum Berger Kloster gehörende Pfarrkirche als Hort der Katholiken. 1528 wurde sie geschlossen und ab 1531 schrittweise bis auf den Turm abgebrochen. Die Steine sollen zum Bau des prächtigen Altenburger Rathauses gedient haben, darunter auch die Figuren der klugen Jungfrauen, so wird kolportiert. Das Gelände des Kirchenschiffes wurde später überbaut, der Turm, der 1562 nach einem Blitzschlag ausbrannte, erhielt 1609 einen achteckigen Aufsatz mit barocker Haube samt Türmerwohnung für den Stadtpfeifer.

Nikolaiturm, Portal

Der Nikolaiturm gehörte wie das 1543 geschlossene ***ehemalige Nonnenkloster Maria Magdalena*** zu den rund 50 Klöstern, Kirchen und Kapellen, die Altenburg bis zur Reformation prägten. Gleichfalls 1543 geschlossen wurde auch das auf einer Bergflanke östlich des mittelalterlichen Stadtkerns gelegene ***Bergerkloster***, Stift der Augustiner-Chorherren, die zu Luthers Zeiten eine beherrschende Stellung in Altenburg einnahmen. 1172 war die ursprünglich kreuzförmig gewölbte Pfeilerbasilika mit ihrer charakteristischen Doppelturmfassade geweiht und mit einem Propst aus dem Augustinerchorherrenstift Petersberg bei Halle besetzt worden. Kaiser Friedrich I. Barbarossa gehörte zu den Förderern und Gönnern des Klosters, das bis 1328 als Grablege der Burggrafen von Altenburg diente. Durch seine Förderung herausgehoben, hatte das Bergerkloster als reichste Stiftung im Umkreis keine sehr rühmliche Rolle inne. Nach Schließung des Stifts und Abbruch der Klostergebäude brannte die Kirche aus. Erst 1618 erhielt der Nordturm seine barocke geschweifte Haube, während der Südturm bis heute den Spitzhelm des 15. Jahrhunderts zeigt. Der Legende nach sollten sie den ungleichen Bartspitzen Kaiser Barbarossas ähneln.

Annaburg

Landläufig sagt man „Red' doch keinen Stiefel!" und ist sich nicht bewusst, wie schnell man damit beim Pfarrer Michael Stifel in Annaburg gelandet ist. In Lochau besaß Kurfürst Friedrich der Weise zu Luthers Zeiten ein Jagdschloss. Luther kam gern und oft nach Lochau, das 1573 in Annaburg umbenannt wurde – nach der sächsischen Kurfürstin Anna, geborene Prinzessin von Dänemark und Norwegen. Der Ort selbst, heute Teil des Landkreises Wittenberg, liegt rund 35 Kilometer südöstlich von der Lutherstadt Wittenberg. Um 1500 hatte Friedrich der Weise in Lochau ein Jagdschloss errichten lassen, das über einen mit einem Wall umschlossenen Garten mit mehreren aufwändig gestalteten Lusthäusern verfügte. Daran schloss sich ein weitläufiger Tierpark an. In Lochau starb der Kurfürst, zu dessen Sterbelager Luther geeilt war, am 5. Mai 1525. Ein Steinobelisk erinnert daran und an den Kurfürsten als „Beschützer der Reformation".

Luther hielt sich mindestens elfmal in Lochau auf, meist für mehrere Tage. Häufig wohnte er dann im Pfarrhaus am Markt und predigte in der Kirche. Durch seine Vermittlung erhielt Michael Stifel (1487–1567) die Pfarrstelle in Lochau, wo er von Luther eingeführt und mit der Witwe seines Vorgängers Günther verheiratet wurde. Stifel war fasziniert von Zahlensymbolik und Zahlentheorie. Anhand der damals sehr verbreiteten so genannten „Wortrechnung" versuchte er, Texte und Buchstaben der Bibel mathematisch zu deuten, und sagte für den 19. Oktober 1533 acht Uhr morgens das Ende der Welt voraus. Luther hatte ihn gebeten, seine Ideen nicht zu verbreiten. Dennoch schwor Stifel seine Kirchengemeinde auf seine Prognose ein, mit der Konsequenz, dass die Bauern ihre Arbeit weitgehend einstellten! Als der Untergang nicht eintraf, wurde er festgenommen. Nach Lochau kehrte er nicht mehr zurück. Seit 1996 erinnert ein Denkmal des Dresdner Bildhauers Vinzenz Wanitschke in Gestalt eines Brunnens aus Sandstein und Bronze an Stifel. Das Jagdhaus aus Luthers Zeiten ist verschwunden. Kurfürst August I. ließ es 1571 abreißen, um von 1572 bis 1575 an gleicher Stelle ein neues Residenz- und Jagdschloss zu errichten, zugleich Witwensitz seiner Ehefrau Anna, einer glühenden Anhängerin der Luther'schen Lehre. Das Schloss gilt als eines der Hauptwerke der sächsischen Schlossbaukunst der Renaissance. Erhalten ist die Stadtkirche aus der Zeit um 1500. Sie wurde im Dreißigjährigen Krieg zerstört und wiederaufgebaut. Der obere Teil des Kirchturms entstand 1787. 1993 wurde das Äußere der Kirche restauriert.

Marktbrunnen/ Pfarrer-Stifel-Brunnen von Vinzenz Wanitschke

Ev. Kirche

Schloss Annaburg, Hinterschloss

Augsburg

Zweimal hat Martin Luther die Stadt Augsburg besucht: 1511 auf dem Rückweg von seiner Pilgerreise nach Rom und 1518 anlässlich des Augustinerkonvents im Oktober 1518 beim Augsburger Reichstag, als er von Kardinal Cajetan (1469–1534), einem der anerkanntesten Theologen der römischen Kirche, wegen seiner 95 Thesen vom 31. Oktober 1517 verhört wurde. Kardinal Cajetan war von 1508 bis 1518 Ordensgeneral der Dominikaner. Luther hat sich vom 7. bis 20. Oktober 1518 in Augsburg aufgehalten. Das „väterliche Verhör" zog sich vom 12. bis 14. Oktober im Stadtpalast Jakob Fuggers des Reichen an der heutigen Maximilianstraße (Via Claudia) hin, und auch nur dort, weil Luthers Landesherr Kurfürst Friedrich der Weise eine Auslieferung Luthers nach Rom abgelehnt hatte. Luther war der festen Überzeugung, dass man sich von seinen Sünden und vom Fegefeuer durch Geld nicht freikaufen könne und Gott dem reuigen Sünder allein aus Gnade verzeihe. Luther verweigerte standhaft den Widerruf seiner Thesen während des Verhörs. Stattdessen forderte er zum ersten Mal eindeutig, dass alle kirchliche Autorität sich der Bibel unterordnen müsse. Nur das Wort Gottes sei die Quelle echter Wahrheit und Freiheit. Cajetan drängte Luther, seine Thesen zu widerrufen, die er unter Bezugnahme auf die Päpstliche Bulle „Unigenitus dei filius" Papst Clemens' VI. von 1343 für ketzerisch hielt. Cajetan selbst erklärte das Papsttum für unfehlbar. Luther blieb standhaft, sprach jedoch selbst vom schwersten Gang seines Lebens. Er hatte das Schicksal des Jan Hus vor Augen.

Luther vor Kardinal Cajetan in Augsburg

Der Stadtpalast, in dem das Verhör stattfand, war erst 1512 bis 1515 entstanden. Um den familiären Reichtum nach außen hin zu demonstrieren, hatte Fugger die gesamte Häuserzeile mit einem Kupferdach eindecken lassen. Der Stadtpalast war das erste Bauwerk nördlich der Alpen, das im Stil der italienischen Renaissance errichtet wurde, und ist bis heute eines der längsten Gebäude der Straße. Zu Gast war Luther im ***Peutingerhaus***, dessen Besitzer, der Stadtschreiber Konrad Peutinger (1465–1547), ein Fürsprecher Luthers war. Peutinger, von Beruf Jurist und Antiquar, hatte das Gebäude, dem 1763 eine Rokokofassade vorgeblendet wurde, 1515 für seine große Familie erworben. Er war eine der wichtigsten Persönlichkeiten Augsburgs und beriet Kaiser Maximilian I. und dessen Nachfolger Karl V. In seiner Politik zielte Peutinger stets auf einen Ausgleich der streitenden Religionsparteien. Sein Quartier fand Luther 1518 im Karmeliterkloster St. Anna. Hier wurde 1983 mit der Lutherstiege ein kleines Luthermuseum eröffnet, das nach Umbauarbeiten seit 2012 wieder zum Besuch einlädt. 1275 hatte der Bischof von Augsburg, Hartmann von Dillingen, das der hl. Anna geweihte Kloster gegründet. Luther genoss hier die Gastfreundschaft des befreundeten Priors Johann Frosch. 1534 wurde es aufgelöst. Das Museum Luthersteige vermittelt heute einen Eindruck, wie sich der Mönch Martin Luther mit dem Vorwurf der Ketzerei quälte. Ihm war bewusst, dass ein Mensch, trotz bester Vorsätze, immer wieder sündigen würde. Luther suchte nach Vergebung. Doch

Friedrich Hagenauer: Konrad Peutinger, Bronze, 1527

Peutingerhaus

zugleich war ihm klar, dass der Ablasshandel, den die Kirche propagierte, nicht die Lösung sein konnte.

Fluchtartig verließ der Reformator am 20. Oktober die Stadt, um nicht verhaftet und verurteilt zu werden. Der Gefahr der Anklage wollte er mit einem notariellen Einspruch an Papst Leo X. begegnen. Durch ein kleines Tor in der Stadtmauer konnte er seinen Widersachern entwischen.

Fuggerscher Stadtpalast (Maximilianstraße)

Kirche St. Anna (Annastraße)

Auch im Zusammenhang mit der Übergabe der „Confessio Augustana" am 25. Juni 1530 hat Luther seine besondere Beziehung zu Augsburg gehabt: Von der Veste Coburg aus stand er von Mai bis August 1530 in regem Briefwechsel mit den in Augsburg versammelten Theologen – vor allem mit Philipp Melanchthon. Luther hat sich voll mit der „Confessio Augustana" identifiziert. Auch der Kontakt nach Augsburg selbst riss nicht ab. So hat Luther in einem bewegenden „Trostbrief an die Christen zu Augsburg" zur ersten Pfarrershochzeit in Augsburg Stellung genommen. Den Augsburger Religionsfrieden von 1555 hat Luther nicht mehr erlebt. Es war der erste Versuch, das Verhältnis der beiden Konfessionen im Reichsgebiet so zu regeln, dass eine wenn auch eingeschränkte Gleichberechtigung im Sinne von „cuius regio – eius religio" galt. Die volle Gleichberechtigung wurde den beiden großen Konfessionen erst durch den Westfälischen Frieden 1648 zugestanden. An Beginn und Ende der konfessionellen Unterdrückung erinnert heute das Augsburger Hohe Friedensfest. Es findet alljährlich am 8. August statt und ist seit 1950 gesetzlicher Feiertag in Augsburg. Heute wird es ökumenisch gefeiert.

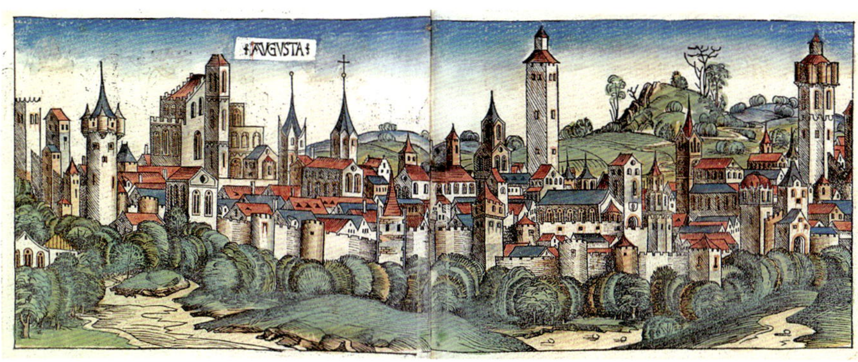

Augsburg im 15. Jahrhundert (aus: Schedel'sche Weltchronik, 1493)

Borna

Stadtkirche St. Marien, Turmfront

Seit 2011 hat die Große Kreisstadt Borna ein eigenes Lutherdenkmal am gleichnamigen Martin-Luther-Platz direkt neben der Stadtkirche St. Marien, in der der Reformator mehrfach predigte. Hilko Schomerus, Metallbildhauer aus Burgdorf-Hülptingsen bei Hannover, hat es geschaffen. Die lebensgroße Gestalt wirkt eigenwillig, der Kopf will nicht recht zu den bekannten Darstellungen Luthers passen. Dessen Aufenthalte in Borna sind fest verbürgt. Luther predigte öfter hier, wo er seinen Freund, den Geleitsmann Michael von der Straßen, einen glühenden Verfechter der Reformation, besuchte. Dessen einstiges Wohnhaus am Markt 9 trägt eine Gedenktafel mit der Inschrift: „Hier wohnte Dr. Martin Luther auf seiner Rückkehr von der Wartburg 1522". Doch eigentlich war es nicht Luther, sondern Junker Jörg, der vom 4. zum 5. März 1522 in Borna übernachtete und sich auf dem Rückweg nach Wittenberg befand. Bis 1547 gehörte Borna zum ernestinischen, danach zum albertinischen Teil Sachsens. Das war wichtig, denn nur im ernestinischen Teil konnte sich Luther relativ frei bewegen. Noch war Luther vogelfrei, so dass ihm jeder hätte nach dem Leben trachten können. So zeigt sich auch Schomerus' Lutherdarstellung, die versucht, den Reformator in seiner inneren Entwicklung darzustellen. Von einer in sich verkrümmten Kreatur als Kind seiner Zeit und Kirche entfaltet sich seine Persönlichkeit durch seine Glaubenserfahrung. Als freier Christenmensch tritt er aus einem stilisierten Portal an die Öffentlichkeit. Die Kernaussage evangelischen Glaubens und eine in Borna gehaltene Predigt sowie ein Aschermittwochbrief machen das Denkmal zu etwas Einzigartigem für die Stadt. Am 28. April 1522 predigte Luther in der Stadtkirche St. Marien. In diesem Jahr wurde in Borna unter maßgeblichem Einfluss Luthers und Melanchthons die Reformation eingeführt. Zu dieser Zeit gelang es dem Rat der Stadt, vom Jakobskloster in Pegau das Patronat über die Stadtkir-

Stadtkirche St. Marien, Langhaus und Chor

che zu erwerben. Die zwischen 1411 und 1455 errichtete dreischiffige Hallenkirche wurde 1456 geweiht, während der Turmabschluss mit den Giebeln erst 1555 erfolgte. Den Schnitzaltar im Chor schuf Hans Witten 1511. Er zeigt 14 Reliefs aus dem Marienleben, darunter Mariä Heimsuchung im Mittelschrein. In unmittelbarer Nachbarschaft der St. Marienkirche findet man seit 2007 die 750 Jahre alte Emmauskirche als einstige Dorfkirche des dem Braunkohletagebau geopferten Ortes Heuersdorf. Der 1297 erwähnte Bau gehört zu den ältesten Gotteshäusern Sachsens. Aus dem ebenfalls unweit von Borna gelegenen Dorf Kieritzsch stammte Luthers Ehefrau Katharina von Bora.

Lucas Cranach d. Ä.: Katharina von Bora, 1528

Emmauskirche und Martin-Luther-Denkmal

Coburg

Am Karfreitag, den 15. April, 1530 kam Luther – von Wittenberg – im Gefolge des Kurfürsten Johann des Beständigen mit 70 Edelleuten, sieben Rittern, 120 Reisenden und Soldaten gemeinsam mit Philipp Melanchthon und Justus Jonas nach Coburg, dem südlichsten Bollwerk des kursächsischen Landes. Sie zogen durch das Spitaltor ein und nahmen zunächst in der Stadt Quartier. Eigentlich hatte Luther von Nürnberg aus die Verhandlungen des nach Augsburg einberufenen Reichstags verfolgen wollen. Doch wollte die protestantische Reichsstadt Nürnberg dem Kaiser treu bleiben und traute sich nicht, dem unter Reichsacht und Bann stehenden Luther Schutz zu bieten. So blieb der Reformator in Coburg. Wiederholt hatte er hier bereits in der Vergangenheit auf seinen Reisen nach Rom (1510), Heidelberg (1518) und Augsburg (1518) Station gemacht.

Dank des Turms ist die ***Stadtkirche St. Moriz***, die Hauptkirche Coburgs neben der oberhalb der Stadt gelegenen Veste, weithin sichtbares Wahrzeichen. Die Namensgebung leitet sich vom Stadtpatron, dem heiligen Mauritius, ab. Das Gotteshaus entstand an Stelle eines romanischen Vorgängerbaues zwischen dem frühen 14. und 16. Jahrhundert. 1524 war hier die erste „Deutsche Messe" gehalten worden, doch hatte die Reformation den Baufortschritt an St. Moriz derart gelähmt, dass der Reformator 1530 in einer noch unfertigen Kirche predigen musste. Die erste

Stadtkirche St. Moriz, Ostchor

Predigt hielt Luther am Karsamstag, 16. April, Ostersonn- und Ostermontag predigte er je zweimal, am 20. und 21. April jeweils einmal in St. Moriz, ehe er am 23. April auf die Veste übersiedelte.

Die weiteren Veränderungen des Gotteshauses betrafen vor allem das Innere. So erhielt St. Moriz unter Herzog Johann Casimir eine neue Funktion als Stadt- und Residenzkirche, nachdem der Hofstaat unter Herzog Johann Ernst 1547 von der Veste in die Stadt übergesiedelt war. Durch seinen Baumeister Peter Sengelaub, der auch das Regierungsgebäude/Stadthaus am Markt (1597–1599), das Gymnasium (1601–1605) und das Zeughaus (1616–1621) errichtete, ließ Johann Casimir 1601 den Chor durch einen Fürstenstand vom eigentlichen Gemeinderaum trennen, nachdem ein überdeckter Gang von der Ehrenburg zur Morizkirche geschaffen worden war. Unter Johann Casimir entstand durch den Pößnecker Bildhauer Nikolaus Bergner zwischen 1595 und 1598 im Chorraum an Stelle des Hochaltars das rund zwölf Meter hohe Alabasterepitaph zum Andenken an seine Eltern Johann Friedrich II., den Mittleren, Sohn Johann Friedrichs I., des Großmütigen, und dessen zweite Frau Elisabeth von der Pfalz, die beide seit 1567/73 in Gefangenschaft des Kaisers gelebt hatten. Nach dem Tod der Eltern ließ Johann Casimir deren Leichname von Österreich nach Coburg bringen und in der St. Morizkirche bestatten. Die biblische Vorlage dieses Aktes, der im untersten Geschoss des Epitaphs dargestellt ist, lieferte die Überführung des Leichnams Jakobs durch dessen Söhne aus Ägypten nach Kanaan (1 Mos 50). Im Zentrum des in höchstem künstlerischem Rang stehenden Denkmals manifestierte Bergner den Wahlspruch des herzoglichen Hauses: „Allein Evangelium ist ohn Verlust". Der Besucher von heute erlebt jedoch anders als zu Zeiten Luthers einen durch und durch barocken Innenraum, der in der Zeit von 1740 bis 1742 entstand. Damals ließ der Ansbacher Hofbauinspektor Johann David Steingruber (1702–1787) „alles Maßwerk der gotischen Fenster in Chor und Langhaus und alle Gewölberippen entfernen" und raubte der ehemals dreischiffigen gotischen Halle ihren Charakter. Nun verschwanden die letzten Überreste der einst reichen mittelalterlichen Ausstattung der Kirche mit ihren 15 Flügelaltären, Heiligenfiguren und Kruzifixen, einer kostbaren Silberbüste des Schutzheiligen Mauritius und allerlei metallenes Gerät vollends aus dem Gotteshaus.

Morizkirche, Epitaph (1594–98)

Lutherbüste

Taufstein von 1539

Zum 400. Geburtstag des Reformators 1883 schenkten die Coburger der St. Morizkirche eine ***bronzene Lutherbüste***, die der Künstler Ernst Rietschel an den Cranach'schen Lutherbildnissen orientiert hatte. Der Kirchenführer zu St. Moriz verrät dazu: „Der Reformator blickt wach und geistesgegenwärtig auf das Naheliegende. […] Luther ist in diesem Bildnis weder jung noch alt, seine Gesichtszüge sind bestimmt, die Haut ist gespannt: ein Mann, der im Leben steht."

Luthers Fußweg zur Veste könnte ihn an dem um 1250 gegründeten, nahe der östlichen Stadtmauer am Fuße des Burgberges gelegenen Franziskanerkloster vorbeigeführt haben, das seit 1525 verwaist dalag. Damals hatten sich mehrere Klosterinsassen der Reformation angeschlossen. In dem ab 1543 unter Herzog Johann Ernst und durch Einbeziehung des Franziskanerklosters errichteten ***Schloss Ehrenburg*** bewahrt die ***Landesbibliothek Coburg*** heute eine umfangreiche Sammlung von Druckschriften der Reformation, darunter Erstausgaben. Bei den Lutherpredigten finden sich auch solche, die der Reformator in der Osterwoche 1530 gehalten hat, darunter auch jene vom Karsamstag, 16. April. Die Sammlung geht vor allem auf das „würdigste aller Lutherdenkmale" zurück: die von Prinz Albert von Sachsen-Coburg und Gotha 1861 initiierte ***Coburger Luther-Bibliothek***. Sie ist, seit 1950 als Bestand in der Landesbibliothek beheimatet, ein einmaliges Zeugnis protestantischer Erinnerungskultur. Die ursprünglich auf der Veste befindliche Bibliothek verfügt über 850 Bände mit 1138 Titeln des 16. bis 19. Jahrhunderts, darunter zeitgenössische Lutherdrucke und ältere Sekundärliteratur.

Die auch als Fränkische Krone bezeichnete ***Veste Coburg*** zählt zu den größten und am besten erhaltenen deutschen Burganlagen. Sie thront 167 Meter über der Stadt, auf 464 Meter über NN. Während seines annähernd sechsmonatigen Aufenthaltes auf der Veste arbeitete Martin Luther weiter an der Bibelübersetzung, verfasste Predigten sowie zahlreiche Briefe und Schriften. Die ***Lutherkapelle, die beiden Lutherzimmer*** und Gemälde von Lucas Cranach d. Ä. erinnern auf der Veste bis heute an das Leben und Wirken des Reformators.

Ehrenburg um 1900

Man betritt die „Fränkische Krone" durch das barocke Vortor und das dahinterliegende Renaissance-Haupttor, ehe man durch die gedeckte Batterie den Inneren Hof erreicht. Hier findet sich in der Wachhalle des Fürstenbaues der Zugang zu den Räumen der Kunstsammlungen der Veste Coburg. Ihr heutiges Erscheinungsbild erhielt die Veste, abgesehen von Bodo Ebhardts Umbauten zu Beginn des 20. Jahrhunderts, im Wesentlichen zu Beginn des 16. Jahrhunderts.

Luther und sein Umfeld hielten 1530 zunächst seinen genauen Aufenthaltsort geheim. In seinen Briefen beschrieb Luther Stadt und Veste während seiner fast sechsmonatigen Anwesenheit mit den unterschiedlichsten Worten. Da ist vom Sinai die Rede, aus dem er einen neuen Zion machen wollte, und er legte damit gleich seine Ziele fest, indem er den Sinai als Berg der Offenbarung Gottes (Dtn 19 und 20) mit dem Wunsch eines neuen Jerusalems (Zion) als Inbegriff alles Herrlichen und Gewaltigen sowie als Sehnsuchtsziel verband. Anderen Briefen zufolge meldete er sich gerade aus Gruboc(o), der Wüste („ex emo") oder dem Reich der Dohlen, deren Gekreische ihn eigentlich störte. Allerdings sollte sich die Veste in den letzten Monaten seines Aufenthaltes zu einem Treffpunkt für Freunde und Theologen, darunter der Straßburger Theologe Martin Bucer, wandeln. Bucer, der am 25. September 1530 mit Luther zusammentraf, suchte im Gespräch eine Einigung über die unterschiedlichen Auffassungen über das Abendmahl.

Bestandteil der Kunstsammlungen der Veste Coburg ist die Wirkungsstätte Martin Luthers. Der Reformator bewohnte zwei oder drei Räume im ersten Obergeschoss der Steinernen Kemenate, einem mittelalterlichen Bau, der nach einem Brand 1501 bis 1504 wiederaufgebaut wurde. Diese Räume, kursächsische Gästezimmer, liegen gegenüber der „Großen Hofstube". Ein geschnitzter Türstock aus der Mitte des 19. Jahrhunderts weist heute den Eintretenden auf den prominenten Bewohner hin: „da zu augspurg die confession ward übergeben, thät Martin Luther still wirkend hier leben". Der erste der beiden Räume diente Luther vermutlich als Schlaf-, der zweite als Arbeitszimmer. Von der originalen Möblierung der Räume, die Bodo

Ebhardt 1909/24 renovierte, blieb nichts erhalten. Zur heutigen Ausstattung gehört ein um 1540 in der Werkstatt Lucas Cranachs d. Ä. entstandenes Lutherporträt. Dem spätesten Typus der Lutherbilder folgend gehört es zu den seit 1520 von Cranach d. Ä. und seiner Werkstatt entwickelten standardisierten Bildnistypen, die dank ihren weiten Verbreitung zur Popularisierung und Durchsetzung der Reformation in breiten Bevölkerungskreisen beitrugen. In gleichem Maße wie die Bildpropaganda der Reformationszeit wurden auch die authentischen Wirkungsstatten des Reformators selbst seit dem 16. Jahrhundert besucht, darunter auch die Räume der Veste.

In 172 Tagen hatte er von hier aus mehr als 120 Briefe geschrieben, heute der größte zusammenhängende „Block", der sich aus Martin Luthers Leben erhalten hat. Die Briefe richtete Luther vor allem nach Augsburg und Wittenberg, jedoch auch nach Zwickau und Nürnberg. Fast täglich verließen berittene Boten die Burg in die eine oder andere Richtung. Vor allem der Brief an Luthers vierjährigen Sohn „Hänschen" ist zu einem Stück deutscher Literatur geworden. Natürlich behielt der Reformator den Augsburger Reichstag fest im Blick und versuchte, seine Freunde und Weggefährten immer wieder zu mehr Unnachgiebigkeit und neuen Taten zu ermuntern, gerade, wenn Melanchthon sich konzessionsbereit zeigte. In den Briefen an Justus Jonas und Spalatin schreckte er auch nicht vor satirischen Vergleichen der Vögel vor seinem Fenster mit den Versammlung des Reichstages zurück, als er schrieb: „Da haben die Dohlen und Krähen einen Reichstag hingelegt. Da ist ein solch Zu- und Abreiten, ein solch Geschrei Tag und Nacht ohne Aufhören, als wären sie alle trunken, voll und toll, da keckt jung und alt durcheinander". Gerade dieser meistzitierte Brief jedoch soll eine Fälschung sein! Auch die 1530 bei Bär in Coburg erschienene Schrift „Die bekentnus Martini Luthers auff den jtzigen angestellten Reichstag zu Augspurgk eynzulegen, In siebentzehen Artickel verfasset" trägt zwar Luthers Namen, stammt aber nicht von ihm und wurde auch nicht von ihm autorisiert.

Zum Ergebnis seines umfangreichen Arbeitspensums gehörten 16 bedeutende Bekenntnis- und Streitschriften, darunter der bekannte „Sendbrief vom Dolmetschen und von Fürbitte der Heiligen" oder die „Predigt, daß man die Kinder

Veste Coburg

Veste Coburg, Lutherzimmer um 1900

zur Schule halten soll". Die wenigsten, die heute „den Leuten aufs Maul schauen", denken dabei wohl an Luther und seinen „Sendbrief vom Dolmetschen". Am 8. September 1530 schloss Luther „Sendbrief und Fürbitte ab" und sandte das Manuskript vier Tage später seinem Freund Wenzeslaus Linck (1483–1547), der ein Vorwort verfasste und das Manuskript zum Druck gab. Darin rechtfertigte Luther seine Übersetzung des Römerbriefs 3,28 mit den Worten „allein durch den Glauben".

Besonders intensiv beschäftigte sich Luther mit dem Psalter (so genannter „Coburger Psalter" – Psalmen 1–25). Zu den Psalmen 117 und 118 verfasste er Auslegungen und verewigte sich in seinem zeitweiligen Arbeitszimmer mit einem seiner Lieblingssprüche aus dem 118. Psalm: „Ich werde nicht sterben, sondern leben und die Werke des Herrn verkünden" und malte darunter die 1516 von ihm entworfene Lutherrose. Zweifelhaft hingegen ist die Entstehung des Glaubens- und Bekenntnisliedes „Ein' feste Burg" an diesem Ort, doch hat Luther vermutlich auf der Veste die Noten hierfür geschrieben.

Hier begutachtete Luther ferner auch Melanchthons erste Ausarbeitung der „Confessio Augustana" auf der Grundlage der Torgauer und Schwabacher Artikel und übersetzte die Propheten, so wie er es sich bei seinem Einzug vorgenommen hatte – alles in allem ein ungeheures Arbeitspensum. Wie angekündigt widmete sich Luther auch der Beschäftigung mit antiken Fabeln wie etwa von Äsop, wobei sein „Coburger Aesop" aus Vorrede und 13 Fabeln Fragment blieb. In seiner Fabel „Vom Frosch und der Maus" von 1530 etwa versuchte Luther, die Menschen die Heillosigkeit der Welt erkennen zu lassen, um sich darauf einstellen zu können. In seiner Coburger Zeit erfuhr er auch vom Tod seines Vaters, der am 29. Mai 1530 starb. Veit Dietrich, Luthers Sekretär, hat die Reaktion darauf verewigt. Das von ihm nach Martin Luthers Tod gedruckte „Trostbüchlein" fasste die Gedanken von Martins seelsorgerlichem Betreuer, dem Pfarrer der Veste Coburg und ehemaligem Franziskanerbruder Johannes Grosch, zusammen.

Auch der Gemütszustand des Reformators ist überliefert, bezeichnete er sich doch bisweilen als „faulen müßigen Esel", der sich nur wenige Wochen im Vollbesitz seiner Kräfte befand. Ähnlich wie seinerzeit auf der Wartburg hatte er sich wieder einen Bart wachsen lassen. Die Krankheitssymptome, unter denen Luther damals litt und die er in seinen Briefen beschrieb, deuten nach Ansicht des Berliner Mediziners Hans-Jürgen Neumann auf die Menièresche Krankheit, attackenweise auftretende Drehschwindelanfälle, die mit einer meist einseitigen Innenohrschwerhörigkeit bzw. einem Tinnitus einhergehen. Am 4. Oktober 1530 verließ Martin Luther im Gefolge des Kurfürsten die Veste in Richtung Wittenberg, wo er am 13. Oktober eintraf.

Ausgerechnet der von Luther verteufelte Reliquienkult machte vor seiner Person nicht halt, besonders mit Blick auf den so genannten ***Hedwigsbecher***, eines der kostbarsten Exponate der Coburger Kunstsammlungen. Das zur Gruppe der

Herrengasse mit Stadthaus (Erker)

Hochschnittgläser gehörende Stück soll sich im Besitz der Heiligen Elisabeth, Nichte der Heiligen Hedwig, befunden haben. Dem vermutlich im 12. Jahrhundert entstandenen Gefäß werden Wunder zugeschrieben, etwa die Verwandlung Wassers zu Wein wie bei der Hochzeit zu Kana. So gelangte es in die berühmte, jedoch 1525 aufgelöste Wittenberger Heiltumssammlung der Schlosskirche und um 1540 wohl durch Kurfürst Johann Friedrich den Großmütigen in Luthers Besitz. Als Exponat der Kunstsammlungen gilt es als frühes Zeugnis der Lutherverehrung.

Über die ersten Besuche der Lutherstätten hinaus geriet die Veste Coburg vor allem im 19. Jahrhundert unter den Herzögen Ernst I. und Ernst II. ins Visier der denkmalmäßigen Restaurierung und Ausstattung. 1839 begann die Geschichte der Veste als Museum, vor dem Hintergrund der Schaffung eines dynastischen Denkmals, bei dem die Veste als Stammsitz des Hauses Sachsen-Coburg und Gotha wiedergewonnen werden sollte. In diesem Kontext schuf Architekt Karl Alexander von Heideloff (1789–1865) bis 1841 im zweiten Obergeschoss der Steinernen Kemenate ein so genanntes Reformatorenzimmer, das jedoch im 20. Jahrhundert Bodo Ebhardts „Restaurierungsabsichten" zum Opfer fiel. Allerdings wiesen frühe Beschreibungen auf den Raum als „Lutherzimmer" hin. Auch die Burgkapelle, nunmehr Lutherkapelle genannt, wurde nun mit dem Reformator in Verbindung gebracht. Ein Altarfenster, ebenfalls erst unter Ebhardts Um- und Neubauphase entstanden, zeigt Luther und die die Reformation beschützenden Kurfürsten Friedrich den Weisen und Johann den Beständigen. Das wohl schönste Zeugnis der neuen Lutherverehrung bildete Prinz Alberts initiierte Luther-Bibliothek, die drei Aspekte vereinen sollte: die Authentizität des Standortes, die Authentizität der alten Textüberlieferung sowie die mögliche Vollständigkeit der Werke. Bis zum zweiten Gründungsdatum der Bibliothek 1873 verging mehr als ein Jahrzehnt. Erst am 17. November 1873 war die Bibliothek in zwei großen Kisten auf der Veste angelangt und im einstigen Luther'schen Arbeitszimmer „in 2 neuen, schönen Schränken" aufgestellt worden. Doch die Schau- und Gedenkbibliothek blieb ein Intermezzo. 1950 wurden die Bestände bis auf wenige Bände mit Flugschriften und die neugotischen Schränke in die Landesbibliothek am Schlossplatz verbracht. 2009 konnte dort die Digitalisierung der im Bestand der Landesbibliothek befindlichen Flugschriften abgeschlossen werden.

Ein beherrschendes Lutherdenkmal sucht man in der Stadt und auf der Veste zunächst vergeblich. Versuche waren 1817 unter Heideloff, 1883 und 1910/13 gescheitert. 1913 schuf Hans Klett die ***Skulptur „Licht und Kraft"***, die Herzog Carl Eduard von Sachsen-Coburg und Gotha (reg. 1893–1918) auf eigene Kosten in Bronze gießen und an der Ostecke des Fürstenbaues am oberen Ende des Treppenaufgangs zur oberen Bastei aufstellen ließ. Die Reiterfigur zeigt den Reformator als nackten Jüngling auf einem ungesattelten Pferd in Gestalt eines Lichtbringers, vor dem ein Krieger mit Schwert und Schild lagert – Ausdruck der streitbaren Kirche. 1930 entstand durch den in Coburg lebenden Bildhauer Edmund Meusel im Äußeren Hof das ***Flachrelief*** aus Krensheimer Muschelkalk mit dem Verweis auf Luthers Anwesenheit auf der Veste. Es trägt die lateinische Inschrift ***„NON MORIAR SED VIVAM ET NARRABO OPERA DOMINI" (Ich werde nicht sterben, sondern leben und die Werke des Herrn verkündigen)*** und bezieht sich auf Luthers Worte auf der Wand seines Arbeitszimmers. Es wirkt dank der Physiognomie des Reformators beziehungsreicher als das Denkmal im Äußeren Burghof, das in seiner Abstraktheit von den Zeitgenossen nicht als Lutherdenkmal verstanden wurde.

Postkarte zum Lutherjahr 1930

Dessau-Roßlau

Dessau ist eng mit der Reformation und Martin Luther verbunden. Doch es war ein Weg mit Hindernissen, denn die katholische Fürstenwitwe Margarethe von Münsterberg stellte sich mit ganzer Kraft gegen die Erneuerungsbewegung der Kirche. 1525 gründete sie den „Dessauer Bund" als Zusammenschluss katholischer Landesherren, die sich gegen die Weiterverbreitung von Luthers Lehre stark machten. Auch der dritte Sohn des Fürsten Ernst von Anhalt-Dessau, Fürst Georg III., genannt „der Gottselige", hatte der Reformation zu Beginn eher ablehnend gegenübergestanden, ehe er sich Ende der 1520er Jahre Luther und Melanchthon zuwandte und 1532 bis 1534 mit seinen Brüdern die Reformation in Anhalt-Dessau einführte, übrigens als Letzter der anhaltischen Fürsten. Fortan war Martin Luther regelmäßiger und gern gesehener Gastprediger in der Kirche St. Marien in Dessau. 1545 wurde Georg III. von Anhalt-Dessau von Luther zum Bischof von Merseburg ordiniert. Er war damit der einzige deutsche Fürst, der offiziell das Amt eines lutherischen Geistlichen bekleidete. Luther schätzte Georg III. sehr und sagte einmal über ihn: „Fürst Georg ist frömmer denn ich, wo der nicht in den Himmel kommt, werd ich wohl heraus bleiben". Nach Luthers Tod erwarb Georg III. Hunderte von Lutherbriefen und das vollständige Manuskript der Übersetzung des Alten Testaments, erhalten in der Fürst Georg Bibliothek.

Einen Einblick in die Geschichte Dessaus gibt das 2005 eröffnete ***Museum für Stadtgeschichte im Johannbau des einstigen Dessauer Residenzschlosses***. Der Johannbau wurde 1528 bis 1533 auf Resten

Residenzschloss Dessau, Johannbau

eines mittelalterlichen Vorgängerbaus als Westflügel des Residenzschlosses der Fürsten und Herzöge von Anhalt-Dessau errichtet. Bauherr war Fürst Johann IV. von Anhalt mit seinen jüngeren Brüdern Georg III. und Joachim. Bei der Zerstörung 1945 blieb er als einziger Gebäudeteil des Schlosses schwer beschädigt erhalten und konnte ab 1990 sukzessive wiederhergestellt werden.

Nur unweit entfernt findet man die ***ehemalige Schloss- und Stadtkirche St. Marien***, in der Martin Luther mehrfach predigte. Der Bau geht auf Ulrich von Schmiedeberg zurück, der ihn 1506 bis 1523 an Stelle eines älteren Vorgängerbaues errichtete. Zwischen 1551 und 1554 entstanden der Westturm sowie der westliche Halbgiebel des Schiffes unter Ludwig Binder. 1945 wurde die Kirche mitsamt ihrer Ausstattung vernichtet und nach statischer Sicherung 1987 ab 1990 wiederaufgebaut. 1998 wurde das profanierte Gotteshaus als Veranstaltungsraum wiedereröffnet.

Bis heute enthält die ***Fürst-Georg-Bibliothek als Teil der Anhaltischen Landesbücherei*** eine der umfangreichsten Sammlungen von Schriften der Reformationszeit, darunter auch antireformatorische Polemiken. Die private dreibändige Lutherbibel des Fürsten Georg III. von Anhalt-Dessau stellt eine bibliophile Besonderheit dar, die eng mit dem Namen Lucas Cranachs d. Ä. verknüpft ist. Der Wittenberger Drucker Hans Lufft hat sie 1541 auf Pergament gedruckt. Über einhundert detailreiche Holzschnitte der Cranachwerkstatt schmücken dieses Fürstenexemplar in Großfolio. In der Werkstatt Lucas Cranachs d. Ä. wurden sie gemäß des fürstlichen Auftrags zusätzlich koloriert und mit Goldhöhungen versehen. Deshalb atmet die Prachtbibel wie nur wenige andere Schriften den Geist der Reformation. Cranach ergänzte den Druck noch mit zusätzlichen Porträts der beiden Reformatoren Luther und Melanchthon sowie aufwändig ornamentierten Wappentafeln. Alle drei Bände sind mit eigenhändigen Schriftzeugnissen der wichtigsten Reformatoren versehen. Sie machten das Werk für den fürstlichen Leser noch wertvoller. Infolge der Kriegswirren 1945 wurde das Prachtwerk auseinandergerissen. Einzig Band 3 verblieb in Dessau, während die ersten beiden Bände eine Odyssee antraten, die erst 2011 beendet wurde. Seitdem sind alle Bände wieder in Dessau vereint.

Die Kunstwerke der Reformationszeit sind heute im ***Schloss Georgium*** als Sitz der Anhaltischen Gemäldegalerie im Gartenreich Dessau-Wörlitz ausgestellt. Sowohl hier als auch in der ***Johanniskirche***

Schlosskirche St. Marien (heute Veranstaltungszentrum)

Palais Waldersee (Anhaltische Landesbücherei)

St. Johanniskirche

findet man die umfangreichste Sammlung und den zugleich herausragendsten Bestand von Werken beider Cranachs in Sachsen-Anhalt. Mit dem Dessauer Fürstenaltar von 1510, dem Katharinenaltar von 1516 und nicht zuletzt dem Dessauer Abendmahl von 1565 vereint Dessau-Roßlau gleich drei Hauptwerke von Lucas Cranach d. Ä. und seinem Sohn Lucas Cranach d. J. Der ***Dessauer Fürstenaltar*** – eigentlich ein Marienaltar – repräsentiert den frühen, katholischen Cranach. Er entstand noch ganz unter dem Eindruck der 1508 erfolgten Reise in die Niederlande und in der künstlerischen Auseinandersetzung mit Albrecht Dürer. Die Auftraggeber Kurfürst Friedrich der Weise und sein Bruder Herzog Johann von Sachsen sind auf den beiden Seitenflügeln mit ihren jeweiligen Schutzheiligen dargestellt. Für Friedrich den Weisen war dies der heilige Bartholomäus – eigentlicher Schutzpatron der Gerber – für seinen Bruder Johann der Jünger und Apostel Jakobus d. Ä., Sohn des Zebedäus. Im Zentrum umschweben betende Engel die jugendliche Mutter Maria, wobei ihr Sohn zur heiligen Katharina blickt. Das Jesuskind ist als Knabe dargestellt, der in der linken Hand einen Apfel und in der rechten einen Ring hält und damit Bezug nimmt auf die Vision der Katharina, die von Jesus einen Ring angesteckt erhielt – als Zeichen, sich im Glauben zu vermählen. Der Altar gehört in eine Reihe so genannter Fürstenaltäre, die zunächst in den frühen Jahren vor allem für Wittenberg und Torgau entstanden. Der Dessauer Fürstenaltar stand vermutlich ursprünglich ebenso in Wittenberg wie der 1760 im Siebenjährigen Krieg in der Schlosskirche verbrannte Dreieinigkeitsaltar. Infolge der Reformation wandelte Lucas Cranach d. Ä. die Gestalt der Fürstenaltäre, indem er in den protestantischen Arbeiten verschiedene mittelalterliche Bildprogramme zusammenfasste. Anstelle der marianischen Motivik prägten nun das zentrale reformatorische Motiv des Abendmahls, aber auch Kreuzigung und Auferstehung die Inhalte. Heilige werden am Ende durch Reformatoren ersetzt, und Altäre wandeln sich zu Epitaphien. Die so genannte Verlobung der heiligen Katharina steht im Mittelpunkt des ***Katharinenaltars*** von 1516. Links ist Maria mit dem Jesuskind dargestellt, daneben die heilige Dorothea und rechts Katharina – dahinter stehend die heilige Margareta mit gefalteten Händen und die heilige Barbara. Cranachs ursprünglich himmelblaues Mariengewand wurde später schwarz übermalt, vermutlich um dem Geschmack protestantischer Fürsten gefälliger zu sein. Das 1565 entstandene so genannte ***Dessauer Abendmahl*** von Lucas Cranach d. J. vereint die Porträts der wichtigsten mitteldeutschen Reformatoren und verschiedener Mitglieder des Fürstenhauses Anhalt, darunter Luther, Melanchthon und Fürst Georg III., die als Jünger Christi dargestellt sind. Unschwer ist die Szenerie im Georgenbau des Dessauer Schlosses zu erkennen. Entstanden ist das Gemälde im Auftrag des Fürsten Joachim von Anhalt, der ein Freund Cranachs d. Ä. und Luthers war und sogar die Patenschaft bei Luthers Tochter Margarete übernahm. Das Gemälde zierte einstmals die repräsentative, kriegszerstörte Schloss- und Stadtkirche von St. Marien und befindet sich heute mit zwei weiteren Arbeiten in der Johanniskirche.

Lucas Cranach d. J.: Das Abendmahl, 1565

Dresden

Zweimal hielt sich Martin Luther in Dresden auf. Die erste Reise unternahm Luther 1516 in seiner Eigenschaft als Distriktsvikar im Rahmen einer Visitation. Sie führte ihn Anfang Mai in das Augustiner-Eremitenkloster nahe den großen Elbwiesen in der damaligen Klostergasse. Der zweite Aufenthalt 1518 erfolgte auf Einladung Hieronymus Emsers (1478–1527), Sekretär von Herzog Georg dem Bärtigen, der Luther freundschaftlich aufnahm. Emser, so heißt es, sei zunächst kirchlichen Reformen nicht abgeneigt gewesen und hatte sich von Luther wirksame Reformen erhofft. Der predigte am 25. Juli 1518 in der Schlosskirche des Dresdner Residenzschlosses. Das ist insofern spannend, da Luthers Predigt in Dresden ein Jahr nach seinem Anschlag der berühmten 95 Thesen in Wittenberg erfolgte. Der Herzog war nicht zugegen, ließ sich aber später von der Predigt berichten und hätte nach eigenem Bekunden viel Gold gegeben, dass die Predigt nie stattgefunden hätte. Luther hatte sich darin mit der offiziellen katholischen Heilslehre auseinandergesetzt, die an die Stelle der Gerechtigkeit Furcht und Ergebenheit vor aller Obrigkeit setzte. Im Anschluss daran disputierten Luther, dessen Nachfolger als Distriktsvikar Johann Lang, der Prior des Altendresdener Augustinerklosters, der Leipziger Theologe Weißbach und Emser in dessen Haus über Luthers Thesen, die Reform der Wittenberger Universität und die Philosophie des

Lucas Cranach d. Ä.: Georg der Bärtige, um 1534/39

Dresden, Residenzschloss

Georg der Bärtige – Reiterstandbild am Georgentor

Aristoteles. Tatsächlich sollte Luther dabei aber schon ausgehorcht werden, indem man ihm seine Äußerungen über den Bann vorhielt und sich mit seiner Predigt, die er im Schloss gehalten hatte, auseinandersetzte. Luther galt schon damals im Herzogtum als verdächtig, zumal bei Herzog Georg von Sachsen. Dessen Schwägerin Katharina Herzogin zu Sachsen begann sich Ende 1523 für Luthers Lehren zu interessieren. Heimlich, denn ihr Hofmeister war ein Aufpasser des antilutherischen Schwagers Georg in Dresden. Der wachte auch streng über die finanzielle Ausstattung der brüderlichen Hofhaltung in Freiberg. Georg vertrat die Auffassung, dass man in Freiberg ‚unordentlich Hof hielte' und in Dresden sparsamer haushalte. Die heutige Dresdner Schlosskapelle entstand unter dem Anhänger der lutherischen Reformation Kurfürst Moritz erst 1551 bis 1553 nach dem Vorbild der Torgauer Schlosskapelle. Bereits 1548 hatte Kurfürst Moritz den ersten kurfürstlich-sächsischen Kapellmeister nach Dresden berufen. Als Wirkungsstätte herausragender Instrumentalisten und Kapellmeister wie etwa Heinrich Schütz (1585–1672) oder Johann Adolph Hasse (1699–1783) entwickelte sich die Dresdner Hofkapelle zu einem musikalischen Zentrum von europaweiter Bedeutung und Strahlkraft. Mit der Konversion Augusts des Starken zum katholischen Glauben im Jahr 1697 verlor die Kapelle ihre Bedeutung. Nach ihrem Abriss 1737 und der Kriegszerstörung des Schlosses 1945 wurde der Raum erst 1988/89 in seiner Kubatur und 2010 bis 2013 mit seinem spätgotischen Schlingrippengewölbe wiederhergestellt. Die Schlosskapelle St. Georg, in der Luther predigte, befand sich im ersten und zweiten Obergeschoss des alten Westflügels, etwa südlich des Hausmannsturmes. Das 1404 von Markgraf Wilhelm I. gestiftete Augustinerkloster befand sich in Altendresden (der heutigen Inneren Neustadt) zwischen der Klostergasse und dem späteren Jägerhof. Es wurde 1545 abgebrochen.

Residenzschloss, Schlosskapelle – wiederhergestelltes Schlingrippengewölbe

Eisenach

Zu Eisenach hatte Luther eine besondere Beziehung, wie er 1520 in einem Brief an den kurfürstlich-sächsischen Hofprediger Georg Spalatin bemerkte: „in Eisenach sitzt nämlich fast meine ganze Verwandtschaft, und ich bin daselbst bei ihr bekannt und [auch] heute wohlangesehen, da ich dort vier Jahre lang den Wissenschaften oblag; keine andere Stadt kennt mich besser“. Neben seiner Schulzeit und der denkwürdigen Zeit auf der Wartburg 1521 hielt sich Luther 1529 anlässlich der Fahrt zum Marburger Religionsgespräch und 1540 in Eisenach auf. Bewegt man sich heute durch die Straßen der Stadt, so ist die Erinnerung an Luther allgegenwärtig, prägen doch die Diakonissen des Eisenacher Mutterhauses mit ihrer charakteristischen Schwesterntracht das Stadtbild. Unweit dieses Mutterhauses liegen Nikolaitor und Nikolaikirche in unmittelbarer Nachbarschaft zueinander. Ersteres wirkt mit seinem großen Bogen wie ein Willkommensgruß der Stadt. Von den ehedem fünf Stadttoren blieb nur dieses erhalten, das den dahinter liegenden dreieckigen Karlsplatz nach Osten hin abschließt.

Als Martin Luther 1498 nach Eisenach kam, hatte die Stadt ihre große Blüte bereits hinter sich. So hat der Ort vor allem in der zweiten Hälfte des 15. Jahrhunderts unter dem Stillstand des wirtschaftlichen Lebens gelitten. Die Gebäude wie Rathaus, Türme, Tore und Stadtmauern wiesen große Schäden auf, und 1466 klagte der Stadtschreiber Johann Biermast, dass Eisenach in „Notdurft und Schulden“ in Armut gerate. In der Erinnerung nannte Luther es unter anderem „Pfaffennest und geistlichen Stapelort“, was kein Wunder war: Auf rund 3500 Einwohner kamen sieben Klöster, drei Kirchen, mehrere Kapellen und Klausen, dazu Spitäler und über 300 Geistliche. Selbst Martins Großonkel Konrad Hutter war mit der Kirche verbunden und Küster an ***St. Nikolai***. Dorthin scheint Luther trotz seiner anderen zahlreichen Verwandten stärkeren Kontakt gehabt zu haben. Doch konnten Hutter und seine Frau ihn nicht aufnehmen, da beiden das Geld dafür fehlte, so dass Martin sich seinen Lebensunterhalt wohl zumindest teilweise als Kurrendesänger verdienen musste.

Nikolaikirche

Matthäus Merian d. A.: Eisenach um 1647 (aus: Topographia Germaniae)

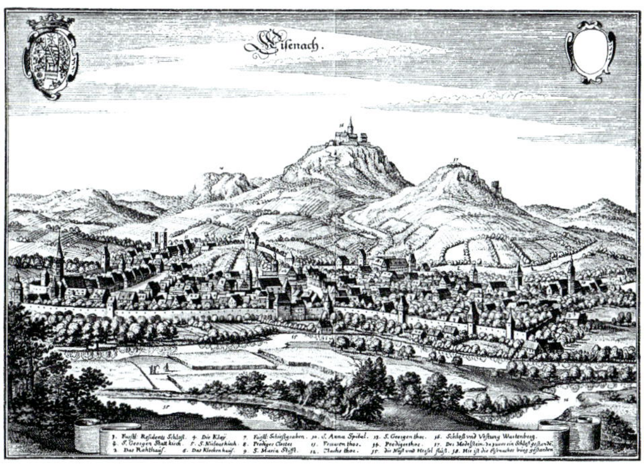

Gestiftet worden war das Benediktinerinnenkloster St. Nikolai zwischen 1172 und 1190 wohl an Stelle einer älteren Kaufmannskirche von Landgraf Ludwig III. Mit der Klostergründung wurde die Kirche neu errichtet. Ihre Kapitelle erinnern an die der Wartburg, und so vermutet man die Heranziehung derselben Steinmetze. Statt ihres schlichten, zuletzt gotischen Äußeren erhielt das Gotteshaus 1886/87 durch Hubert Stier mit seiner nunmehr romanischen Gestalt eine völlig neue Architektur, während das Innere über die Jahrhunderte seine romanische, originale basilikale Anlage, so wie Luther sie einstens erlebte, bewahrt hat. 1555 fand hier die erste evangelische Predigt statt.

Unweit von St. Nikolai erinnert Adolf von Donndorfs überlebensgroßes ***Bronzedenkmal*** auf dem Karlsplatz an den Reformator, beziehungsreich mit Talar und Bibel in der Hand. Anlässlich seines 400. Geburtstages am 10. November 1883 entstanden, wurde es am 4. Mai 1895 eingeweiht. Tags zuvor hatte Bachs h-Moll-Messe in der Georgenkirche den Auftakt zu den Feierlichkeiten gegeben, bevor sich die Festgemeinde am Morgen des 4. Mai nach einer Andacht in der Georgenkirche durch die Karlstraße zum Karlsplatz aufmachte. Der hohe Marmorsockel trägt am Fuß die Inschrift: „Errichtet am Erinnerungstage von Luthers Ankunft auf der Wartburg. 3. Mai 1895". Die Bronzereliefs nehmen Bezug auf den jungen Luther, versinnbildlichen den vor Ursula Cotta singenden Kurrendeschüler, zeigen Junker Jörg auf der Jagd und als Übersetzer des Neuen Testaments. Rückwärtig sind Georgenkirche und Denkmalsockel durch Luthers Choral „Ein' feste Burg ist unser Gott" verbunden.

Lutherdenkmal am Karlsplatz

Zwischen 1498 und 1501 lebte Luther im ***Hause am heutigen Lutherplatz 8***. Ursula Cotta, Ehefrau des Vierherrn Konrad/Kunz Cotta, hatte Martin Luther beim Kurrendesingen in Eisenach entdeckt, womöglich gar vor ihrem Haus, und nahm ihn bei sich auf. Unter einem gemeinsamen Dach lebten auch die Eltern Ursula Cottas – Heinrich Schalbe und seine Frau. Schalbe war von 1495 bis 1499 Eisenacher Bürgermeister. Den Bruder Caspar Schalbe, etwas jünger als Luther, führte dieser zur nahen Schule. Ganz zweifelsfrei steht bis heute nicht fest, ob das im 15./16. Jahrhundert entstandene, aus zwei Teilen zusammengezogene Gebäude das Haus ist, in dem Luther tatsächlich logierte, oder ob es vielmehr Konrad Cottas Brüdern gehörte. Sicher ist, dass es heute als schönstes und zugleich ältestes Haus der Stadt gilt. Das ehemalige Zugangsportal des steinernen Unterbaues zeigt die Initialen „HL" für Hans Leonhard, dem das Haus nach 1561 gehörte. 1898 eröffnete der Gastwirt Adolf Lukaß darin die Gaststätte „Lutherkeller", wobei schon damals die beiden kleinen Zimmerchen im südlichen Hausteil als Luther-Kammern besichtigt werden konnten. Auswirkungen des Zweiten Weltkriegs (1944) führten zu schweren Zerstörungen der Nordfassade, die ab 1946 behoben wurden. Seit 1956 dient das Gebäude als Luther-Gedenkstätte.

Luther ging es zu Beginn seiner Eisenacher Schulzeit schlecht. In den Tischreden etwa findet sich der Hinweis, dass er Brot von Haus zu Haus gebettelt habe. Der 15-Jährige lebte damals in der ***Pfarrschule St. Georg***, wo für ärmere Schüler Kammern bereitstanden. Die Pfarrschule St. Georg sucht man heute vergeblich, da sie im 16. Jahrhundert abgerissen wurde. Sie lag östlich des mittelalterlichen Landgrafen- oder Steinhofes, jenes „zwuschen [!] sente Jorgen unde der barfußer clostir“ errichteten Gebäudes, das zunächst erste Landesresidenz war. Einzig das ***Residenz- oder Creutznacherhaus*** an der Ecke zur Unteren Predigergasse erinnert heute noch an die umgebende Bebauung. Es entstand 1539 für den Kaufmann Conrad Creutznacher und wurde unter Herzog Johann Ernst (1566–1638), dem Begründer der älteren Linie des Hauses Sachsen-Eisenach, mit den bereits bestehenden Gebäuden seiner Residenz verbunden. Das Renaissanceportal des massiven zweigeschossigen steinernen Unterbaues von 1559 wird wiederum Hans Leonhard zugeschrieben. Der obere giebelständige Teil ist in Fachwerk ausgeführt und mit geschweiften Andreaskreuzen und spätgotischen „Nasen“, Rauten- und Leitermotiven geschmückt. Die Pfarrschule St. Georg besuchte Martin Luther wie bereits erwähnt von 1498 bis 1501. Ein besonderer Grund für den Wechsel von Magdeburg nach Eisenach muss nicht vorgelegen haben, da ein häufigerer Schulwechsel für Lateinschüler in dieser Zeit nichts Ungewöhnliches war. Wenngleich wenig aus Luthers Schulzeit bekannt ist, so doch die Anekdote vom Schulrektor Trebonius, der jeden Morgen vor Unterrichtsbeginn vor den Schülern das Barett gezogen haben soll. Schließlich, so Trebonius, könnte ja unter den Eleven ein künftiger Gelehrter oder Rat sein. Mit Wigand Güldenapf, mit dem Luther auch später in Verbindung blieb, hat sich der Name eines Lehrers erhalten. Impulse erfuhr der junge Martin auch durch seine Gasteltern und deren frommes „Kollegium Schalbense“, ein Kreis von Bürgern und Mönchen des nahen Franziskanerklosters. Und auch mit dem Vikar des

Lutherhaus

Lutherhaus, Detail

Marktplatz und Stadtkirche St. Georgen

Georgenkirche, Lutherrose

Georgenkirche Altar und Taufstein von 1503

Marienstiftes Johannes Braun, der sich besonders der Eisenacher Schüler annahm, hatte Luther Kontakt.
In unmittelbarer Nachbarschaft zur einstigen Pfarrschule von St. Georg findet sich die gleichnamige ***Stadtkirche St. Georgen***. Lutherrose und Bachsiegel schmücken das Gittertor zu Werner Marchs 1898 bis 1902 erbauter neobarocker Eingangshalle. Damals entstand auch der 62 Meter hohe Kirchturm, der weithin sichtbar das Stadtbild prägt. Der Kernbau der Kirche soll auf Landgraf Ludwig III. und das Jahr 1181 zurückgehen. Erste urkundliche Hinweise nennen das Jahr 1196. Hier soll Ludwig IV. zum Ritter geschlagen und 1221 mit Elisabeth von Ungarn, der späteren heiligen Elisabeth, getraut worden sein. Die ältesten Teile datieren heute ins 13. Jahrhundert. Wegen Baufälligkeit wurden 1515 große Teile abgebrochen und neu errichtet. Am 9. und 10. April sowie am 2. Mai 1521 hat Martin Luther vor und nach dem Wormser Reichstag hier gepredigt. Tags zuvor hatte Kaiser Karl V. die Reichsacht über Luther verhängt, nachdem dieser seine Thesen nicht widerrufen wollte. Als die Kirche 1525 während des „Pfaffensturms" so schwere Schäden aufwies, dass sie großenteils abgerissen wurde, musste Luther etwa 1540 seine Predigten in der noch vorhandenen, erst 1599 niedergelegten Franziskanerkirche halten. 1561 konnte St. Georgen schließlich als protestantische Predigtkirche geweiht werden. Denkwürdig ist neben Luthers Predigten die Taufe Johann Sebastian Bachs am 23. März 1685 in einem Taufbecken aus dem Jahr 1503. Architektonisches Bindeglied zwischen beiden ist auch die Kreuzigungsgruppe auf dem Altar mit Christus am Kreuz im Zentrum, flankiert von der trauernden Maria und dem Jünger Johannes, entstanden um 1500. Die Kanzel mit ihren Tugendallegorien entstand 1676, die Orgel mit ihrem prächtigen Barockprospekt 1719 bei Friedrich Frank. Die so genannten Landgrafensteine im Chorraum gelangten erst 1952 bei der Profanierung der Reinhardsbrunner Schlosskapelle nach Eisenach.
Bei seinem letzten Aufenthalt in Eisenach vom 7. bis 27. Juli 1540 wohnte Martin Luther mit Philipp Melanchthon im ***Haus von Justus Menius*** (1499–1558), der nach seiner Teilnahme am Marburger Religionsgespräch (Ziel: Versuch der Beilegung des Abendmahlsstreites) seit 1529 in Eisenach als Superintendent wirkte. Eine Tafel am Gebäude der heutigen Stadtkirchnerei, Obere Predigergasse 1, weist darauf hin. Menius hatte in Erfurt und Wittenberg studiert, wurde 1522 Vikar in Mühlberg (Kreis Gotha), 1525 Pfarrer in Erfurt und 1528 Privatdozent in Gotha. Als Visitator wirkte er im ernestinischen und albertinischen Thüringen im Auftrag der Reformation. Menius gilt als bedeutender Mitreformator Thürin-

Meniushaus

gens und als entschiedener Förderer des Schulwesens. Während Luthers Verweilen in Eisenach im Zusammenhang mit der Doppelehe des Landgrafen Philipp von Hessen stand, befanden sich der Wittenberger Universitätsprofessor und neben Luther bedeutendste Mitreformator Philipp Melanchthon (1497–1560) und Menius auf dem Weg zum Religionsgespräch in Hagenau. Während seines Aufenthaltes 1540 hat Luther mehrfach in der Franziskanerkirche gepredigt.

Der mehrflügelige Bau des ***ehemaligen Dominikanerklosters*** am Predigerplatz ist zugleich eines der ältesten Bauwerke der Predigermönche in Thüringen. Am Sonntag Misericordia Domini 1240 wurde der seit den 1230er Jahren errichtete und Johannes dem Täufer und der 1235 heiliggesprochenen Elisabeth geweihte Komplex den Erfurter Dominikanern übergeben. Hier soll Martin Luther die Schule besucht haben – das vermittelt eine alte, steinerne Tafel und führt damit die Eisenach-Touristen regelmäßig an der Nase herum. Einzig Johann Sebastian Bach hat hier zwischen 1692 und 1695 die Schulbank gedrückt, denn erst nach der Reformation wurde 1544 die Lateinschule St. Georgen eingerichtet. Im Vorgängerbau am Markt, südlich der Georgenkirche, absolvierte hingegen Luther seine Schulzeit, die ihm neben lateinischer Grammatik und Sprache Mathematik, Religion und Musik vermittelte. Das Singen – in der Kurrende, bei Messen und Trauerfeiern – gehörte wie bei Bach zum festen Pflichtprogramm an der Schule von St. Georgen. Bereits 1525 war die eigentliche Kirche zweckentfremdet als Kornboden benutzt worden, nachdem am 24./25. April alle Geistlichen aus Eisenach ausgewiesen worden waren. Den im Mai in Eisenach marodierenden Bauernhaufen leistete die Bevölkerung keinerlei Unterstützung – ihre Anführer wurden ganz in der Nähe des Predigerklosters bei der Münze hingerichtet. 1899 wurde im ehemaligen Kirchenraum wie im 1512 erbauten Refektorium das ***Thüringer Museum*** eingerichtet. Der Museumsteil der Predigerkirche vereint 300 sakrale Einzelwerke des 12. bis 16. Jahrhunderts aus Thüringen und den angrenzenden Regionen, darunter Schnitzplastiken, Altäre, Bildtafeln und Steinbildwerke.

Ehemalige Predigerkirche

WARTBURG

Die vielschichtige Bedeutung der Wartburg reicht vom nachweisbaren Aufenthalt namhafter Minnesänger wie Walther von der Vogelweide, der heiliggesprochenen Landgräfin Elisabeth, die von 1211 bis 1228 hier lebte, über Luthers Aufenthalt als Junker Jörg und dessen Bibelübersetzung des Neuen Testaments ins Deutsche 1521/22 bis hin zum Nationalsymbol des 19. Jahrhunderts mit dem Wartburgfest der deutschen Burschenschaften von 1817. Der Sage nach gründete Landgraf Ludwig der Springer 1067 die Anlage mit dem Ausruf „Wart Berg, Du sollst mir eine Burg werden!". Der Bau der Burganlage mit ihren beiden Höfen erfolgte jedoch erst unter den beiden Nachfolgern. Landgraf Hermann I. zog neben dem Dichter Walther von der

Wartburg

Vogelweide auch Wolfram von Eschenbach auf die Wartburg. 1206/07 soll im Palas der legendäre Sängerwettstreit stattgefunden haben, den Richard Wagner später in seiner Oper „Tannhäuser" verarbeitete. Die heutige Anlage wurde zwischen 1838 und 1890 wieder aufgebaut. Goethe gab 1815 erste Vorschläge eines Museums mittelalterlicher Plastik. Sowohl die Vogtei der Vorburg als auch die Wehrgänge zeigen sich mit ihrem Fachwerk wie zu Zeiten Luthers, der hier vom 4. Mai 1521 an sein unfreiwilliges Exil als Junker Jörg fristete. Durch den Luthergang gelangte er in die Lutherstube, einen fast unversehrt wirkenden Raum der Vorburg. Nachts gegen 23 Uhr war der Tross vom Glasbachgrund mit Luther bei Burghauptmann Hans von Berlepsch eingetroffen, der Luther in Empfang nahm. Sein Quartier war der an Decken und Wänden holzverkleidete Raum in der Vogtei, wo er sich allmählich rein äußerlich in „Junker Jörg", benannt nach dem Schutzpatron Eisenachs – dem Heiligen Georg – mit vollem Haupthaar an Stelle der Tonsur und Vollbart verwandelte. Natürlich gehörte hierzu auch die passende ritterliche Kleidung – und das schwere Essen! Zeitweilig glaubte er wohl, dass sein Gedärm platzen würde, soviel Wein und Bier, Wildbret und scharf gewürzten Brei musste er zu sich nehmen. Wie 1530 auf der Veste Coburg finden sich in den Briefen ganz ideenreiche Umspielungen seines Aufenthaltsortes wie sein „Patmos", „Aus meiner Einöde", „unter den Vögeln" oder „auf dem Berge"... Ohne Zweifel glaubte Luther als aufrechter Christenmensch auch an die Existenz des Teufels, doch hat sich jene bekannte Szenerie niemals so zugetragen, sondern diente bereits im 17. Jahrhundert als „frühe Touristenattraktion": der Wurf Luthers mit dem Tintenfass nach dem Teufel. Unzählige Generationen haben Stücke des Wandputzes als vermeintlich echtes Souvenir mit nach Hause genommen, und ebenso oft wurde der Fleck an der Wand wieder erneuert ... Bereits von 1580 finden sich erste „Graffitis" – Einritzungen in der Wandverkleidung in der Lutherstube, die im 19. Jahrhundert immer „bunter" eingerichtet wurde. Als ihn Ende November 1521 beunruhigende Briefe aus Wittenberg erreichten, die von Neuerungen des Gottesdienstes und Kirchenaustritten sprachen, unterbrach er sein Exil und reiste kurzzeitig und unerkannt Anfang Dezember dorthin. Am 15. Dezember befand er sich zurück auf der Wartburg. In nur elf Wochen übersetzte Luther hier das Neue Testament vom Griechischen ins Deutsche. Seine volkstümliche, lebensnahe Sprache wirkte dabei stil- und sprachbildend für Jahrhunderte und schuf neue Ausdrücke wie den heute vielzitierten „Schandfleck" und Wortspiele wie „Perlen vor die Säue werfen". Bereits im September 1522 erschien der erste Druck, im Dezember 1522 eine verbesserte Auflage des Neuen Testaments. Die von ihm verwendete obersächsische Kanzleisprache wurde überall verstanden. Doch das war nicht alles. Mit Hilfe der notwendigen Bücher, die ihm seine Freunde beschafft hatten, verfasste er zudem 13 Abhandlungen zu aktuellen Fragen, darunter Ausführungen „Über die Mönchsgelübde" und „Vom missbrauch der Messen". Für sein bestes Werk hielt er selbst die „Wartburg-

Wartburg, Lutherstube, Lithografie um 1850

Wartburg

postille“, eine Sammlung weihnachtlicher Predigten. Am 1. März 1522 verließ Martin Luther die Wartburg.
Dem Wunsch des Kurfürsten, die Burg erst nach dem nächsten Reichstag zu verlassen, entsprach er nicht, sondern stellte ihn vor vollendete Tatsachen. So käme er ja nach Wittenberg und stünde dort „in gar viel einem höhern Schutz denn [!] des Kurfürsten“. Sollte Luther dennoch gefangen oder getötet werden, sei der Kurfürst entschuldigt.
Erst unter Herzog Johann Ernst wurde die Wartburg neben der Residenz in der Stadt Eisenach wieder als Wohnsitz genutzt. Das hing mit den unsicheren Zeiten des Dreißigjährigen Krieges zusammen. So ließ er zwischen 1623 und 1628 die ***Kapelle*** im Palas der Hauptburg durch Hans Weber frühbarock umgestalten. Gemäß seinen wesentlichen Elementen wird der Raum in die Zeit von 1317/20 bzw. teilweise auch früher datiert. Die Ausstattung erfolgte mit Blick auf die lutherische Lehre unter dem Aspekt des protestantischen Kirchenbaues. Bis heute erhalten ist der mittelalterliche Altar. Neu entstand unter Weber die Kanzel von 1625. Die klassische Anordnung des Kanzelkorbes über dem Altar entfiel nicht zuletzt wegen der geringen Raumhöhe. Zur barocken Ausstattung gehörte ferner eine 1630 erwähnte Orgel in Form eines Positivs und die unverzichtbare Fürstenempore, die laut einem Inventar von 1669 mit einer langen Wandbank ausgestattet war. Unter Hugo von Ritgen (1811–1889) begann nach 1853 der historisierende Neubau. Mit Blick auf die nach 1317 entstandene Kapelle bedeutete dies den nahezu völligen Verlust der Ausstattung, die sie unter Johann Ernst erhalten hatte. Einzig der barocke Kanzelkorb blieb ohne seinen zugehörigen Schalldeckel auch bei der Neueinweihung der Kapelle am 7. Juni 1855 erhalten. Der Kapellenraum wurde vollständig mit bemalten Leinwänden des Kölner Malers Michael Welter (1808–1892) ausgestaltet. Einem zweiten Bildersturm gleich erfolgte in den 1950er Jahren die ‚Entrestaurierung‘ dieses Raumes und die Wiederherstellung des hochmittelalterlichen Zustandes. Dabei wurde ein mittelalterliches Malereifragment an der Wand zum Sängersaal freigelegt, das eine Darstellung der sechs Apostel zeigt.

Junker Jörg, Holzschnitt nach Lucas Cranach d. Ä., 1522

Eisleben

In Eisleben wurde Martin Luther am 10. November 1483 als Sohn von Hans und Margarethe Luther als erster oder zweiter Sohn geboren, und dort ist er am 18. Februar 1546 auch gestorben. Obgleich die Familie nur vorübergehend in Eisleben wohnte, ist Luthers Leben über das Geburts- und Sterbedatum hinaus vielfach mit der heute zweitgrößten Stadt des Landkreises Mansfeld-Südharz im östlichen Harzvorland verbunden. Seit 1946 trägt Eisleben den Zusatz „Lutherstadt". Sie ist eine der ältesten Städte zwischen Harz und Elbe. Im 15. und 16. Jahrhundert entwickelte sie sich vor allem durch den Abbau und die Verhüttung von Kupferschiefer zur bedeutendsten Siedlung in der einst mächtigen Grafschaft Mansfeld. Luthers Vater kam hierher, um im Bergbau Geld zu verdienen. Doch Eisleben blieb für die später elfköpfige Familie nur Durchgangsstation. Die Eltern Luthers siedelten sich im Petri-Viertel jenseits des Flüsschens des

Petrikirche – Luthers Taufkirche

einstigen Wilden Baches an, dessen Wasserkraft von den Hütten um Eisleben genutzt wurde. Im so genannten ***Luther-Geburtshaus*** in der Langen Gasse 16, seit 1872 Lutherstraße 16, wurde Martin am 10. November 1483 geboren. Eisleben als Ort seiner Geburt und Taufe fühlte er sich zeitlebens eng verbunden und kam mehrfach hierher. Das einstige Geburtshaus aus dem 15. Jahrhundert wurde 1689 durch einen Stadtbrand zerstört. Seine Reste konnten 2006 bei einer Grabung innerhalb des 1693 errichteten Memorialgebäudes wiederentdeckt und gesichert werden. Dies weicht in Größe und Raumaufteilung vom Ursprungsbau ab, wurde aber konkret als frühes öffentliches Museum für Lutherpilger errichtet. Es ist heute eines der ältesten Museen im deutschsprachigen Raum. In den Jahren 2005 bis 2007 wurde das Gebäude umfassend saniert und erweitert. Die neu konzipierte Ausstellung begibt sich auf die Spurensuche zur Familie Luther und

Luther-Geburtshaus, Hofseite

zeigt über 200 Exponate. Im Zentrum steht ein Taufstein aus dem Jahr 1518. Im Erdgeschoss des Geburtshauses ist die Wohnung der Familie nachempfunden. Der so genannte Schöne Saal im Obergeschoss ist seit 1693 ein besonderer Ort der Lutherverehrung.

Nur unweit entfernt findet man mit der ***St.-Petri-Pauli-Kirche*** die Taufkirche Luthers, eine spätgotische Hallenkirche, die 1333 erstmals urkundlich erwähnt wurde. Hier wurde Luther einen Tag nach seiner Geburt auf den Namen des Tagesheiligen, Martin von Tours, getauft. Bei der Neugestaltung des Inneren 2010 bis 2012 wurde im Fußboden des Mittelschiffs vor dem Altar ein kreisrunder Taufbrunnen geschaffen, der mit bewegtem Wasser gefüllt und mit dem Schriftzug des Taufbefehls Jesu umgeben ist. Von ihm aus ziehen sich konzentrische Kreise als Pflastermuster durch den gesamten Kirchenraum. Das zweite schlichte neugotische Taufbecken enthält Teile des Taufsteins Luthers. Die Kirche selbst dient heute als „Zentrum Taufe Eisleben". Besonders beachtlich ist das original erhaltene dreiteilige Geläut von 1499 bis 1509.

Bereits als Distriktsvikar des Augustinerordens hielt sich Luther mehrfach in Eisleben auf. Unter seinem Einfluss wurde die ***St. Annenkirche*** in der Eisleber Neustadt zur ersten evangelischen Predigerkirche im Mansfelder Land. Sie war 1514 entstanden. Das zugehörige Augustiner-Eremitenkloster hatte Luther 1516 geweiht, 1523 wurde es im Zuge der Reformation wieder aufgelöst.

Oberhalb des Marktes erhebt sich die ***St.-Andreaskirche*** mit ihrem mächtigen Glockenturm. Vom Gründungsbau der Kirche im zehnten Jahrhundert fehlen quellenkundliche Belege. Er dürfte im zweiten Viertel des 13. Jahrhunderts einer Basilika Platz gemacht haben, von der Teile in der späteren Ostpartie aufgingen. Der heutige Bau entstand ab dem zweiten Viertel des 15. Jahrhunderts, während

St. Petri und Pauli, Innenraum

Taufbrunnen

die Einwölbung des Langhauses erst nach dem Stadtbrand von 1498 erfolgte. Von der Ausstattung verdient die Grabtumba des Grafen Hoyer VI. von Mansfeld-Vorderort von 1541 Erwähnung. Sie gilt als Hauptwerk des Bildhauers Hans Schlegel und als Höhepunkt der mitteldeutschen Renaissanceskulptur. Erhalten blieb auch die Kanzel, auf der Luther seine letzten vier Predigten gehalten hat. In der Andreaskirche wurde der Reformator vor seiner Überführung nach Wittenberg aufgebahrt.

Am 18. Februar 1546 war Luther im Hause der Familie Drachstedt am Markt verstorben. Luthers letzte Reise hatte ihn im Januar 1546 von Halle aus in seine Geburtsstadt gefuhrt, wo er Streitigkeiten

St. Andreaskirche

Lutherdenkmal von Rudolf Siemering

Luthers Sterbehaus

der Mansfelder Grafen schlichten wollte. Bereits von Krankheit und Erschöpfung gezeichnet, meint Luther wenige Tage vor seinem Tod: „Ich bin allhier zu Eisleben geboren und getauft; wie, wenn's Gott schicket, dass ich auch hier stürbe!" Das Drachstedt'sche Haus ist heute als ***Museum Luthers Sterbehaus*** eingerichtet und gehört, ebenso wie das Geburtshaus des Reformators, seit 1996 zum UNESCO-Weltkulturerbe. Die 2013 eröffnete Ausstellung „Luthers letzter Weg" ist den letzten drei Lebenswochen Martin Luthers gewidmet. Neben den Sterbeberichten gehören das originale Bahrtuch von Luthers Sarg sowie seine Totenmaske zu den zentralen Ausstellungsstücken. Einen Höhepunkt bilden die historisch ausgestatteten Räume: Schlafkammer und Sterberaum, die erstmals seit 1907 fast wieder so zu erleben sind, wie sie ursprünglich von Friedrich Wilhelm Wanderer entworfen wurden. Seit 1726 gilt das Gebäude als Luthers Sterbehaus. 1863 kaufte es der preußische Staat und richtete dort eine Gedenkstätte ein.

Auf dem Marktplatz erinnert ein 1883 von Rudolf Siemering (1835–1905) geschaffenes ***Lutherdenkmal*** an den berühmtesten Sohn der Stadt.

Erfurt

Die thüringische Landeshauptstadt Erfurt war im späten Mittelalter eine der wichtigsten Städte Mitteldeutschlands. Zeitlebens hatte der Reformator eine enge Beziehung zu Erfurt. 1513 bekannte er: „Die Erfurter Universität ist meine Mutter, der ich alles verdanke". Doch nicht als Student, sondern in Gestalt des Reformators tritt er dem Betrachter als überlebensgroße ***Bronzefigur*** südlich der Kaufmannskirche am Anger entgegen. Es ist nicht das einzige Lutherdenkmal Erfurts, wohl aber das älteste. Fritz Schaper (1841–1919) – Vertreter der Berliner Bildhauerschule – hat es geschaffen. Am Vorabend des Reformationstages 1889 fand es seinen Platz neben der Kaufmannskirche, da Luther hier am 22. Oktober 1522 mit einer Predigt einen Konfessionsstreit geschlichtet hatte. Die 2,25 Meter hohe Bronzefigur zeigt Luther mit einer geöffneten Bibel in seiner linken Hand, während die drei Bronzetafeln am Denkmalsockel Luther als Studenten, beim Eintritt ins Kloster bzw. den festlichen Empfang an der Universität am 6. April 1521 darstellen. Auf der Vorderseite findet man Luthers Lieblingspsalm 118: „Ich werde nicht sterben, sondern leben und des Herrn Werk verkünden" – gleichsam Luthers Lebensmotto.

Luthers Predigt „Vom Kreuz und Leiden eines rechten Christenmenschen" blieb erhalten und ist ohne sein Zutun recht bald gedruckt erschienen. Bereits im Frühjahr 1522 hatte Luther seinen Freund und Mitstreiter Johann Lang in Erfurt besuchen wollen, musste jedoch seine geplante Reise aufgrund der dort herrschenden Unruhen verschieben. Während seines Aufenthaltes in Weimar vom 16. bis 30. Oktober 1522 kam Luther nach Erfurt, wo er am 21. Oktober in der Michaeliskirche und am 22. in der ***Kaufmannskirche*** predigte.

Lutherdenkmal vor der Kaufmannskirche

Die Predigt vom 22. Oktober über Markus 16,15 ist zugleich symptomatisch für Luthers Predigtverständnis. Luther verstand sich selbst als getreuer Ausleger der Heiligen Schrift. „Sola scriptura" – „Allein durch die (Heilige) Schrift" – ist einer von vier Glaubensgrundsätzen Luthers, der Reformation und der evangelischen Theologie. Die Bibel selbst be-

Kaufmannskirche am Anger

Tafel

Augustinerkirche

durfte hiernach keiner Ergänzung kirchlicher Traditionen. Ähnlich seiner Predigt und des Ausschnittes, der das Selbstverständnis Luthers zeigt, hatte sich der Reformator zwei Jahre zuvor verhalten, als er 1520 seine Rechtfertigung, die so genannte „Assertio", gegen die Bannandrohungsbulle Papst Leos X. verfasst hatte. Neben „sola scriptura" beruht die Lutherische Theologie auf drei weiteren Eckpfeilern: „sola gratia" (allein durch die Gnade) wird der Mensch durch Gott gerechtfertigt, „sola fide" (allein durch den Glauben) wird das menschliche Heil geschaffen, nicht durch dessen Leistung und „solus Christus" (allein Jesus Christus) schafft durch seine stellvertretende Hingabe am Kreuz ein für allemal unsere Rechtfertigung und Heiligung, die uns im mündlichen Evangelium und im Sakrament des Abendmahls zugeeignet wird. Dies ist auch der tragende Grund der drei übrigen Prinzipien des reformatorischen Glaubens.

Augustinerkloster

Die ***Kaufmannskirche*** St. Gregor zeigt sich als stattliche, zweitürmige Basilika. Ihre früheste urkundliche Erwähnung als „ecclesia mercatorum" („Kaufmännerkirche") stammt von 1248, doch ist das Gotteshaus vermutlich älteren Ursprungs. Als eine der Hebestellen für den erzbischöflichen Zins verfügte die Kaufmannskirche über eine Sonderstellung. 1521 wurde sie reformiert. Das Innere der Lutherzeit bot sich anders dar, vor allem der Chor, dessen Gewölbe 1594 einstürzte und dabei den spätgotischen Altar unter sich begrub. Heute beeindrucken im Innern vor allem der 1625 entstandene Spätrenaissancehochaltar von Hans Friedemann d. J. und Paul Friedemann als auch der 1608 errichtete Taufstein Hans Friedemanns d. Ä. Die Kanzel von 1598 geht auf eine Stiftung des Erfurter Glockengießers Melchior Moeringk zurück. Dagegen stammen zwei Turmglocken des Erfurter Gießers Heinrich Ziegler noch aus der Lutherzeit – von 1509 und 1521.

Das ***Augustinerkloster*** zählt neben dem Mariendom zu den interessantesten Sehenswürdigkeiten Erfurts. Hier lebte Martin Luther zwischen 1505 und 1511 als Novize und Mönch. In der umgebauten Kirche tagte 1850 das Erfurter Unionsparlament. 1266 hatten sich hier Augustiner-Eremiten niedergelassen. Ihre Niederlassung gehörte zu einer der frühesten in Deutschland. Durch Förderung der Mainzer Erzbischöfe wurde das Kloster zu einem geistigen Zentrum im Spätmittelalter. Die ab 1277 bis Mitte des 14. Jahrhunderts als langgestreckte Basilika errichtete Klosterkirche wurde 1525 evangelisch. Besonders sehenswert ist der Glasfensterzyklus aus der ersten Hälfte des 14. Jahrhunderts, unter anderem mit Szenen aus dem Leben Christi, des heiligen Augustinus und des heiligen Martin von Tours. Neben den Klosterzellen über dem gotischen Kreuzgang lohnt der Blick in die im Dormitorium untergebrachte Bibliothek des Evangelischen Ministeriums, die mit über 65 000 Bänden, wertvollen Handschriften, Inkunabeln und Flugschriften der Reformationszeit zu den bedeutendsten Kirchenbibliotheken in Deutschland zählt. Rund 14 Tage lagen zwischen dem Gewittererlebnis bei Stotternheim und Luthers Eintritt in das Kloster der Augustinereremiten, unweit von der Georgenburse. Für den Studenten Martin ist es offenbar ein großer Schritt gewesen, der ihm selbst nicht leicht fiel. In seinen Tischreden bekannte er dazu 1531: „Ich bin nicht gerne ein Mönch geworden." Doch hatte er mit jenem Naturerlebnis weit vor den Toren der Stadt ein Gelübde verbunden, das ihn zwar kurz danach gereut, letztlich aber nicht von seinem Entschluss abgehalten habe. Luther glaubte felsenfest, „daß Gott selber ihn in den Schrecknissen des Gewitters gerufen habe". Das Erlebnis, dem Tode näher als dem Leben zu sein, die 1505 in Erfurt wütende Pest und nicht zuletzt auch seine schwere Verletzung – er hatte sich mit dem Degen in den Schenkel gestoßen und die Hauptschlagader getroffen – mögen seine Entscheidung noch verstärkt haben. Schließlich war in der damaligen Religiosität die Todesangst fest mit dem Gedanken an das Jüngste Gericht verknüpft. Am 16. Juli 1505 feierte Luther mit seinen Freunden ein Abschiedsmahl. Tags darauf begleiteten sie ihn über die Lehmannsbrücke bis zur Klosterpforte der Augustinereremiten in der Comthurgasse. Luther hatte zu diesem Zeitpunkt seine Bücher verkauft und nahm nur die Werke der antiken Dichter Vergil und Plautus mit in die Klausur. Das Augustinerkloster, wegen seines Habits in der Öffentlichkeit auch das „Schwarze" genannt, galt als bedeutendste Stätte asketischen Lebens in Erfurt. Für die Mönche bestand hier die Möglichkeit zur Aufnahme eines Generalstudiums. Doch zunächst wurde Martin für zwei Monate im Gästehaus des Klosters aufgenommen. Im September 1505 begann sein Probejahr als Novize. Da hatte Vater Hans, der wegen des Klostereintritts seines Sohnes Martin „toll und töricht" zu werden drohte, offenbar eingelenkt. Erst als ihm die Pest zwei Kinder genommen hatte und er erfuhr, dass Martin ebenso daran erkrankt sein sollte, gab er klein bei.

Augustinerkloster, ehem. Waisenhaus mit Laubengang und Uhrturm, 17. Jh.

Augustinerkloster, Kreuzgang (Ausschnitt)

Dem Zeremoniell entsprechend lag der junge Mönch Martin auf dem Boden des Chorraumes der Augustinerkirche, während die Mönche ein Gebet für ihren neuen Ordensbruder sprachen. Dabei lag Luther auf der Grabplatte des Erfurter Ordensgeistlichen Johannes Zacharias (um 1362–1428), der 1414 Jan Hus auf dem Konstanzer Konzil der Ketzerei „überführt" und dessen Verbrennung auf dem Scheiterhaufen bewirkt hatte. Am Ende des Sommers 1506 legte Martin das Mönchsgelübde, die Ewige Profess ab – Absoluter Gehorsam, Armut und Keuschheit – ehe er am 4. April 1507 im Erfurter Dom zum Priester geweiht wurde. Über das Leben hinter den Klostermauern gibt heute eine Ausstellung im Obergeschoss des Augustinerklosters Aufschluss. Im Ostflügel mit Blick zum

Kreuzgarten fand sich die 3,10 mal 2,40 Meter „große" Zelle des Mönchs Martin Luther. Vier solcher Räume hat er in seiner Erfurter Klosterzeit bewohnt. Der museal gestaltete Raum „seiner" Zelle wurde bei einem Brand 1872 zerstört. Der heutige Raum orientiert sich an einer Zeichnung von 1669. Askese und Stille prägte das Leben der Mönche. Für das Refektorium (Speisesaal), das Dormitorium (Schlafsaal), die Zellen und den Kreuzgang war Schweigen Pflicht, Lachen hingegen war verboten, und andere zum Lachen zu reizen war ein strafwürdiges Vergehen. Vielfach begegnet man gerade beim Novizen und jungen Mönch Luther einem strengen, ernsten Charakter, doch schilderte er später in seinen Tischreden auch den „anderen" Luther, der bei offenbar schrägem Gesang eines Küsters nicht mehr innehalten konnte. Lang anhaltende Freundschaften kennzeichneten sein gesamtes Leben. Wie eng die Verbindung zu Vikar Johannes Braun in Eisenach war, zeigt Martins Einladung Brauns zu seiner Primiz in Erfurt. Gerne könne er ja auch noch den (Großonkel) Hutter mitbringen, schrieb Martin am 10. Mai 1507 an Braun. Dieser sollte geradewegs ins Augustinerkloster kommen und nicht andernorts nach einer Herberge suchen, allerdings sollte er „cellarius" (Bewohner einer Zelle) werden – auf Zeit, wie Luther scherzte, „denn ich befürchte nicht, daß Du hier ständig wohnen willst". An der Primiz am 2. Mai 1508 – Luthers erstem eigenen Gottesdienst – nahm auch der Vater samt Familie (insgesamt 20 Personen) teil, die aus Mansfeld mit Pferden und Wagen nach Erfurt gekommen waren. Fahrt und Aufenthalt – im Anschluss fand ein großes Fest statt – waren nicht billig, sollen 20 Gulden gekostet haben, damals ein kleines Vermögen. Und doch blickte Martin Luther in der Rückschau kritisch auf das Ereignis, wenn er sagte: „Da war kein Glaube, sondern ich sah nur allein an, wie würdig ich für meine Person wäre und nichts ausließe in der Messe mit den Kreuzeszeichen und Gepränge."

Augustinerkloster

Im Anschluss begann Luther zum Sommersemester 1507 sein Theologiestudium, das alles andere als kontinuierlich verlaufen sollte. Das Generalstudium des Ordens bestand neben dem öffentlichen Theologiestudium der Universität, wobei die Lehrer des Ordens durch Personalunion mit der Universität verbunden waren. Die Heilige Schrift und Glaubenslehre der Kirche standen im Mittelpunkt von Luthers Studium. Bis zum Oktober 1508 hörte er Vorlesungen zum Alten und Neuen Testament sowie die Pflichtvorlesung über die Sentenzen des hochgeschätzten Kirchenlehrers Petrus Lombardus. Nun im Herbst 1508 wird er von Johann von Staupitz (um 1468–1524), dem Dekan der Theologischen Fakultät, nach Wittenberg entsandt, um den Lehrstuhl für Moralphilosophie an der Artistenfakultät der erst 1502 gegründeten Universität zu besetzten. Nun ist Luther Schüler und Lehrer zugleich, wird jedoch zu Beginn des Jahres 1509 wieder nach Erfurt zurückgerufen und lehrt hier über die Glaubenslehre des Lombarden. Luthers eigentliches Interesse sollte jedoch auch künftig nicht der Philosophie, sondern dem Studium der Bibel gelten. Der damals bereits hochgeschätzte Luther wird am 10. November 1510 von Staupitz in Ordensangelegenheiten nach Rom entsandt, wohin er bis Ende März 1511 unterwegs ist. Im gleichen Jahr kehrte er nach Erfurt zurück, um sich in der Folge in Wittenberg – seinem neuen Wirkungsort – auf sein theologisches Doktorexamen vorzubereiten. Nach elf Semestern – Luther war mittlerweile „Baccalaureus biblicus" und „Baccalaureus sententiarus" – war er endlich Doktor der Theologie.

Unweit des Augustinerklosters hatte Luther ab 1501 seine erste Zeit als Erfurter Student verbracht. Ob er sofort in der ***Georgenburse*** (Augustinerstraße 28) oder doch erst in der Burse Himmelspforte (porta coeli) in der Michaelisstraße lebte, ist unklar. Doch anders als heutige Wohngemeinschaften unterlagen die jungen Bursalen hier wie dort einem strengen, fast klösterlichen Regiment. Dazu gehörte das frühe Aufstehen um vier Uhr morgens ebenso wie Bettruhe ab acht Uhr abends. Zu diesem Zeitpunkt war auch das Haus verschlossen. Das Essen auf den Zimmern war verboten. Die Hauptmahlzeiten bildeten das „Prandium" zwischen neun und zehn am Vormittag sowie die „Coena" zwischen vier und fünf Uhr am Nachmittag. Wie viele Bursalen zusammen mit Luther unter einem Dach lebten, ist ungewiss. In der Regel teilten sich zwei bis acht Personen einen der Wohnräume. Die Organisation der Bursen erfolgte privatwirtschaftlich, sei es als Stiftung oder unter der Obhut der geistlichen oder weltlichen Obrigkeit. Oftmals waren die Bursen den so genannten Kollegien angegliedert, genossenschaftlichen Zusammenschlüssen von Universitätslehrern. Die Kollegien selbst verfügten über Studier- und Unterrichtsräume.

Die Welt, die Martin Luther in der Georgenburse antraf, unterschied sich von außen her betrachtet nicht wirklich von seinem bisherigen Leben. Bekannt sind hingegen erste Freundschaften, die Luther damals schloss, wie zu dem aus

Armenburse (Studentenburse) am Kreuzsand

Dornheim bei Arnstadt stammenden Johannes Jäger (um 1480 – um 1445), dem späteren Rektor der Universität Erfurt – bekannt unter dem lateinischen Namen „Crotus Rubeanus". Jäger war es auch, der seinen Studienfreund vor der Stadt mit 40 Reitern herzlich empfing, als Luther auf dem Rückweg vom Wormser Reichstag am 6. April 1521 in Erfurt Station machte. Später erinnerte sich Rubeanus dieser Freundschaft. 1531 wurde er scharf von Luthers Anhängern kritisiert, als er ein Kanonikat in Halle übernahm. Rubeanus gilt auch als Verfasser des ersten Teiles der Satire „Dunkelmännerbriefe", bei der die an den Universitäten herrschende Scholastik ins Lächerliche gezogen wurde.

Haus „Zur großen Arche Noah und Engelsburg" in der Michaelisstraße 38: Im Vorgängerbau des Hauses – der heutige Bau stammt von 1565 – lebte im 1392 Amplonius Ratingk de Bercka, der 1412 das nach ihm benannte „Collegium Amplonianum" stiftete und diesem seine 635-bändige, heute „Amploniana" genannte handschriftliche Bibliothek schenkte. 1438 befand sich das Gebäude im Besitz der Universität, ehe es von 1492 bis 1600 für über ein Jahrhundert in den Besitz der Sachses kam. Melchior Sachse ließ es 1565 umbauen. Blickfang ist seitdem das Portal aus Sandstein. Es gehört heute zu den schönsten Renaissanceportalen Erfurts. Eine Tafel erinnert daran, dass Mel-

chior Sachse hier seit 1525 eine Druckerei betrieb, in der Luthers Bibelübersetzungen gedruckt wurden.
Rechts neben dem Haus „Zur großen Arche" findet sich – nach fast vollständiger Kriegszerstörung – das ***Collegium maius***. Vermutlich kam Martin Luther im April 1501 von Eisenach über die Schmiraer Höhe direkt nach Erfurt. Ausgestattet mit den wichtigen Fähigkeiten seiner Schule – dazu gehörten vor allem in flüssigem Latein zu sprechen, zu schreiben und Verse zu machen, Grammatik, Logik, Rhetorik, Musikunterricht und Religion – schrieb sich Luther im April 1501 in die Matrikel der Universität ein, d.h. er wurde eingeschrieben als „Martinus ludher ex Mansfeldt" und „in habendo" (als vermögend) eingestuft. Das bedeutete eine Gebühr von drei Gulden. In Erfurt, dem thüringischen Rom, lebten damals rund 20 000 Menschen, wovon rund 2000 an der Universität studierten. Was Luther bewog, gerade hier sein Studium zu beginnen, mag im ausgezeichneten Ruf der Universität Erfurt begründet gewesen sein. Im Sommersemester 1501 begann er sein Studium an der Artistenfakultät, der größten der vier Fakultäten. Die Fakultät war im Collegium maius, dem Hauptgebäude der Universität, untergebracht. Hier fanden sich im Erdgeschoss Räume für Lektion und Disputation, darüber im Obergeschoss die repräsentative Aula, in der Luther als Reformator von Crotus Rubeanus am 6. April 1521 offiziell empfangen und bewirtet wurde. Der Bau, den Luther als Student erlebte, wurde 1510 zerstört und 1511/12 bis 1515 durch den Bau ersetzt, der wiederum 1945 in Schutt und Asche sank und dessen rekonstruiertes Kielbogenportal von 1513 deshalb lange Zeit ins Leere führte. Das Studium der „Sieben Freien Künste", wie es hieß, umfasste das „Trivium" (Dreiweg) aus Grammatik, Rhetorik und Dialekt und das „Quadrivium" (Vierweg) aus Arithmetik, Geometrie, Musik und Astronomie. Auf diesen Säulen bauten die „höheren" Fakultäten Theologie, Jura und Medizin auf. Martin liebte die Astronomie und Mathematik, hielt aber die Astrologie für keine Wissenschaft. Im Grundstudium, das bis 1505 andauerte, erhielt Luther Einblicke in die scholastische Philosophie, die die kirchliche Überlieferung mit Hilfe der antiken Philosophie erschließen wollte. Dabei wurde vor allem Aristoteles herangezogen. In Erfurt folgte man an der Universität der Lehre von Wilhelm von Ockham († 1347). Zur lateinischen Sprache kamen Hebräisch und Griechisch hinzu, ferner das eigenständige Studieren der Bibel und der Kirchenväter. Hier lernt Luther die theologischen Kenntnisse, die ihn, verstärkt durch sein Theologiestudium als Augustinermönch, zu seinen reformatorischen Erkenntnissen führen sollten. Seine Kommilitonen bewunderten Luther als „Philosoph und musicus", gehörten doch auch Gesang und Lautenspiel sowie die Kenntnis der römischen Dichter Ovid und Vergil im Original zu den Studieninhalten. Verblüfft und fasziniert hatten den jungen Studenten Martin jedoch der Besuch der Universitätsbibliothek und der erste eigene Kontakt mit einer Bibel.

Haus „Zur großen Arche Noah", Portal

Engelsburg

Die ***Michaeliskirche*** ist eine der ältesten Kirchen Erfurts. Sie wurde zwischen 1183 und 1200 von dem Patrizier Walther Kerlinger gestiftet und zur Pfarrkirche eines der kleinsten, wohlhabendsten mittelalterlichen Pfarrbezirke erhoben. Ihre unmittelbare Nachbarschaft zum Collegium maius, dem Standort der alten Erfurter Universität, kommt nicht von ungefähr, denn ab 1392 diente das etwa zwischen 1278 und 1290 errichtete Gotteshaus als Universitätskirche, deren Pfarrer zumeist gleichzeitig Lehrer an der Universität waren. Martin Luther besuchte während seines Studiums 1501 bis 1505 regelmäßig die Gottesdienste in St. Michaelis. Der Dekan der Philosophischen Fakultät Johann Bonemilch von Lasphe hatte um 1500 die zwischen dem Glockenturm und dem „Haus zum Krönbacken“ gelegene Dreifaltigkeitskapelle gestiftet. Er weihte Luther 1507 auch zum Priester. 1520 fand hier die erste evangelische Predigt Erfurts statt. Luther selbst predigte am 21. Oktober 1522 hier, und ein Jahr später fand in dieser Kirche die erste Abendmahlfeier unter beiderlei Gestalt (Brot und Wein) statt. Eine Besonderheit der Barockzeit ist die Compeniusorgel von 1652, an der Johann Ägidius Bach (1645–1716) von 1687 bis zu seinem Tode wirkte. Der unter anderem für Konzerte genutzte Kirchhof birgt zahlreiche Grabsteine des 18. und frühen 19. Jahrhunderts.

Auf der Rückreise vom Schmalkalder Bundestag 1537 suchte Luther in der ***Engelsburg*** vom 4. bis 6. März bei seinem vertrauten Arzt, Universitätsprofessor Georg Sturtz (1490–1548), Linderung für sein Steinleiden. Der Ort hat auch noch eine zweite Bedeutung: als Treffpunkt des Erfurter Humanistenkreises zu Beginn des 16. Jahrhunderts. Im „Schwarzen Ross“, einem Teil der Engelsburg, hatten sich neben dem Besitzer der Engelsburg, Georg Sturtz, auch Crotus Rubeanus und weitere Vertreter versammelt. Der Treffpunkt – die Bohlenstube – wurde in den 1990er Jahren restauriert.

Die ***Andreaskirche*** liegt an der gleichnamigen Andreasstraße / Ecke Webergasse. Der einschiffige hochgotische Bau entstand im 13. Jahrhundert. 1482/1484 wurde das Gotteshaus für den vom Cyriaksberg verlegten Nonnenkonvent umgebaut, der die Kirche nach der Reformation bis 1688 weiterhin mitnutzte. Die Besonderheit bildet das Vermächtnis der Familie Hornung, das 1727 in die Kirche

Michaeliskirche, Altar

Andreaskirche

gelangte und bis heute dort verblieb: das Holzmodell von Luthers Grabplatte. Das 2,23 Meter hohe und 1,11 Meter breite Modell war entstanden, nachdem der Erfurter Bronzegießer Heinrich Ciegeler d. J. am 18. Februar 1546 vom Kurfürsten Johann Friedrich dem Großmütigen den Auftrag erhalten hatte, ein Bronzeepitaph für den verstorbenen Reformator anzufertigen. Das hölzerne Gussmodell zeigt den Reformator stehend mit Professorenschaube und Bibel sowie mit Lutherrose und Spruchband am oberen Rand. Während das 1548 gegossene Epitaph vermeintlich nach Wittenberg auf die Reise ging und am Ende nur bis nach Jena gelangte, blieb das Modell im Erfurter Familienbesitz und wurde wohl bereits im 16. Jahrhundert farbig gefasst.

Die Domstufen führen den Besucher von heute wie einstmals auch Luther zum 1330 entstandenen Triangelportal des ***Mariendoms*** hinauf, das zu den Pretiosen gotischer Architektur in Deutschland gehört. Der Erfurter Mariendom ist aufs Engste mit der Missionstätigkeit des heiligen Bonifatius und dessen Schülern und heiligen Märtyrern Adolar und Eoban verbunden. 742 wurde das Bistum errichtet, und Willibald wurde wohl 751/52 erster Bischof. 1154 im Jahr der Auffindung der Gebeine Adolars und Eobans begann die Errichtung einer romanischen Basilika, die 1182 geweiht wurde. Der heutige Hohe Chor wird dagegen ins Jahr 1349 bis 1370/72 datiert. An die Stelle des spätromanischen Langhauses trat 1455/65 eine spätgotische dreischiffige und vierjochige Halle. Besucht man heute den Dom, so fällt von der Stadtseite mit dem Dom, St. Severi, der Bonifatiuskapelle und den Pfarrhäusern die Silhouette „einer der schönsten architektonischen Gruppen ... die Deutschland besitzt“ (Dehio) sofort ins Auge. Unter den zahlreichen wertvollen Ausstattungsstücken im Innern sind die Fenster im Hohen Chor ein Muss für Besucher. Zwölf von fünfzehn haben die originale Farbverglasung des späten 14. und frühen 15. Jahrhunderts. Luther wurde jedoch nicht hier, sondern in der Kilianikapelle des Mariendoms – heute ein Vorlesungsraum der Theologischen Fakultät – von Johann Bonemilch von Lasphe 1507 auch zum Priester geweiht. Sehenswert ist auch das reich geschnitzte Chorgestühl von 1360/70. Es gehört zur originalen Ausstattung und zu den umfangreichsten seiner Art in Deutschland. Bei Einheimischen und Auswärtigen gleichermaßen beliebt ist die „Gloriosa“ aus dem Jahr 1497. Sie zählt mit einem Durchmesser von über 2,50 Metern zu den größten mittelalterlichen Glocken und erregte 2004 anlässlich ihrer spektakulären Bergung zu Reparaturzwecken bundesweit Aufmerksamkeit. Über dem Ostflügel des Domkreuzganges blieb bis heute der Hörsaal erhalten, in dem Martin Luther 1509 seine erste theologische Vorlesung über die Sentenzen des Petrus Lombardus hielt und zum „baccalaureus sententiarius“ promoviert wurde. Wegen seiner Lage heißt der Hörsaal der Theologischen Fakultät „Auditorium Coelicum“ – Himmels-Hörsaal.

Dom, Heiligenfiguren am Triangel

Der Gasthof ***Haus zur Hohen Lilie***, ehemaliges sächsisches Geleitshaus, war noch im Mittelalter Teil eines Klosterhofs der Zisterzienserinnen von Ichtershausen bei Arnstadt gewesen. Das im Kern aus dem 13. Jahrhundert stammende Gebäude wurde 1472 beim Erfurter Stadtbrand zerstört und bis 1478 wiederauf- sowie 1538 durch den Goldschmied und Ratsmeister Johan-

Domplatz mit Dom, Domstufen und St. Severi (rechts)

Dom, Triangelportal

Haus „Zur Hohen Lilie" am Domplatz

nes Ludolf umgebaut. Am 2. März 1522 kehrte Luther hier auf seiner Rückkehr von der Wartburg nach Wittenberg ein. Im Disput mit einem „Pfaffen" über seine Person wäre er beinahe entdeckt worden. Nur der rasche Aufbruch habe Luther alias Junker Jörg damals gerettet.

Kaum mehr vorstellbar ist die Wirkung der ***Barfüßerkirche*** auf die Zeitgenossen Luthers, schließlich handelte es sich bei dem Bau um eine der größten und schönsten Bettelordenskirchen Deutschlands, die bis zu ihrer Zerstörung am 26. Februar 1944 das Bild Erfurts nachhaltig prägte. 1224 war die Niederlassung der Franziskaner- oder Barfüßer in Erfurt gegründet worden. Nach einem verheerenden Stadtbrand 1291 wurde bis 1316 der Chor des zuvor errichteten Kirchenbaues neu aufgeführt und das Langhaus im ersten Drittel des 15. Jahrhunderts vollendet. Mit der Reformation 1525 wurde die Kirche evangelisch, die Franziskaner durften jedoch im Kloster wohnen bleiben. Luther predigte am 11. Oktober 1529 erstmals hier, als er sich mit Melanchthon und Justus Jonas (1493–1555), Probst der Wittenberger Schlosskirche, auf der Rückreise vom Marburger Religionsgespräch befand. In der durch eine Nachschrift überlieferten Predigt (Joh 5,44f.) wandte er sich gegen die Rottengeister, Sakramentierer und Widertäufer. Zudem sprach Luther über die Bedeutung der Bibel und über sein Gefühl, sich ihr gegenüber immer wieder wie ein Elementarschüler zu fühlen. Der Besuch war Luthers sechster in Erfurt – insgesamt hielt er sich zwischen 1516 und 1540 noch neunmal in Erfurt auf. Wo und ob er 1529 in Erfurt übernachtete, ist heute unbekannt. Erst 1977 wurde das Gotteshaus profaniert und ist heute mit seinem erhaltenen bzw. nach Kriegsende wiederhergestellten Chorraum Teil des Angermuseums Erfurt.

Ruine der Barfüßerkirche

Gotha

Martin Luther predigte mehrfach in Gotha, erstmals 1515 als Distriktsvikar der Augustiner-Eremiten, dann 1516 und zuletzt 1521. 1522 verkündete Johann Langenhan, der Pfarrer der Margaretenkirche, die neue Lehre von der Kanzel herab. Dieses Datum gilt als Beginn der Reformation in Gotha. Luthers Lehre fand in der Stadt eine breite Unterstützung beim Bürgertum. Am 8. April 1521 predigte Luther auf dem Weg von Wittenberg zum Reichstag nach Worms in der Augustinerkirche. Im August 1524 berief der Kurfürst Luthers Weggefährten, den früheren Weimarer Barfüßermönch Friedrich Myconius (1490–1546), als evangelischen Prediger und mit dem Auftrag, das Kirchenwesen neu zu organisieren. Myconius begann seine Aufgabe in der schwierigen Zeit aufflammender sozialer Unruhen. Noch zu Pfingsten 1524 hatte sich der Zorn der Gothaer beim „Pfaffensturm“ vehement gegen die Chorherren gerichtet. Nun führte Myconius die Reformation in Gotha ein und reorganisierte dabei auch das Schulwesen. Zwischen 1526 und 1533 hatte Myconius im kurfürstlichen Auftrag zusammen mit Christoph von der Planitz, Justus Menius und Philipp Melanchthon Kirchenvisitationen in Thüringen durchgeführt, dabei neue evangelische Pfarrer eingestellt, Klöster aufgehoben und deren Vermögen zugunsten des Staates eingezogen. Seit 1529 war er Gothaer Superintendent. Eng mit seinem Namen und Wirken verbunden ist das Augustinerkloster. 1251 hatten sich hier Zisterzienserinnen angesiedelt, die ihre Gebäude jedoch 1258 den Augustinermönchen überließen. Ihnen verdankt die Anlage heute ihren Namen. Die Gothaer Niederlassung war zugleich die erste auf Thüringer Boden. Martin Luther predigte hier erstmals 1515. Im Kern geht der heutige einschiffige, an Stelle eines romanischen Vorgängerbaues errichtete Kirchenbau auf die Mitte des 13. Jahrhunderts zurück. 1366 entstanden der Kreuzgang und Kapitelsaal. Myconius war es auch, der die „Geschichte der Reformation“ 1541/42 handschriftlich festhielt. Der Theologe Ernst Salomon Cyprian (1673–1745) hat sie dann 1715 das erste Mal in gedruckter Form veröffentlicht. Myconius’ Epitaph findet sich in der Augustinerkirche rechts hinter dem Altar. Ab 1531 diente die Augustinerkirche auch zeitweilig als Pfarrkirche. Ihre heutige Gestalt und Ausstattung resultiert aus dem Umbau von 1676 bis 1680 durch Baumeister Andreas Rudolph als Residenzkirche der Herzöge von Sachsen-Gotha. Mit finanzieller Unterstützung der Herzöge Ernst I. und Friedrich I. erhielt der vergrößerte Raum sein barockes Erscheinungsbild mit Fürstenloge. Eine Besonderheit an der Fürstenloge ist ein stuckierter Elefant, der an den Elefantenorden erinnert, den Herzog Friedrich I. 1678 vom dänischen König Christian V. verliehen bekommen hatte. Die von ganzfigurigen Putten gehaltenen Spruchbänder zeigen den Wahlspruch

Augustinerkirche, Fürstenloge

Augustinerkirche vom Klosterplatz

Hauptmarkt mit Rathaus

Haus „Zur Löwenburg“ am Unteren Hauptmarkt

des Herzogs: „PIETATE PRUDENTIA ET JUSTITIA“ (Klugheit und Gerechtigkeit durch Frömmigkeit). 1991 bis 1993 wurde das Innere grundlegend erneuert, darunter die Orgel (Firmen Schmid / Kaufbeuren und Böhm / Gotha) mit ihrem prächtigen Prospekt von 1692. Im Kreuzgang erinnern alte Grabsteine an berühmte Gothaer, darunter etwa an den Historiker und Literaten Johann Georg August Galletti (1750–1828), den Verfasser der berühmten „Kathederblüten“ und der mehrbändigen „Geschichte und Beschreibung des Herzogthums Gotha“. Während der politischen Wende 1989 begann an der Augustinerkirche die erste friedliche Demonstration in Gotha.
1537 wohnte Luther, vom Schmalkalder Bundestag kommend, in der so genannten ***„Löwenburg“*** am Hauptmarkt 42. Damals litt Luther an einem Steinleiden und zwar noch dermaßen arg, dass er in Gotha sein Testament aufsetzen ließ. Seinem Freund Myconius gegenüber äußerte Luther den Wunsch, in Gotha, und nicht in Wittenberg begraben zu werden.

Margarethenkirche

Seine Genesung aber verhinderte dies. Die „Löwenburg“ erhielt ihren charakteristischen Namen nach ihrem Eigentümer, dem Schösser Johann Löwe. 1540 weilte der Reformator dann ein letztes Mal in Gotha.
Das ***Gothaer Rathaus*** trennt den Unteren vom Oberen Hauptmarkt. Der Renaissancebau mit seinem charakteristischen Turm entstand jedoch erst 1566/67 als massives Kaufhaus. Die reich gegliederte Renaissancefassade samt Rundbogenportal und Treppengiebel geht auf das Jahr 1574 zurück.
An der Südostecke des Oberen Hauptmarktes zur Lucas-Cranach-Straße befindet sich das ***„Cranachhaus“*** (Hauptmarkt 17). Seinen Namen erhielt es 1872 anlässlich des 400. Geburtstages von Lucas Cranach d. Ä. Viel ist auf den ersten Blick nicht mehr erhalten, doch ist der Ort inmitten des historischen Stadtzentrums authentisch. Über einem älteren Keller mit hochgotischem Rippengewölbe erhebt sich heute ein zweigeschossiger, schlichter Barockbau mit Mansarddach. Er entstand nach dem großen Stadtbrand von 1632. Einen besonderen architektonischen Akzent setzt das Rundbogenportal, das von einem Sandsteinbogen aus Buckel- und Diamantquadern mit einem Löwenkopf als Schlussstein eingefasst ist. Darüber befinden sich zwei schräg liegende ellipsenförmige Fenster.

Auf die Vorgängerbauten weisen zwei Wappen über dem hohen Kellersockel hin. Dargestellt sind eine Tasche sowie eine gefiederte Schlange. Die Tasche geht auf den aus Würzburg stammenden Juristen und Gothaer Ratsherrn Georg (Jörgen) Tasch (auch: Dasch) (1500–1578) zurück. Tasch heiratete 1544 in Wittenberg Cranachs Tochter Ursula. Er brachte seine Frau 1567 in eine missliche Lage, als sich die Familie verschuldet hatte, das Familienvermögen beschlagnahmt wurde und Ursula ins Schuldgefängnis gesperrt wurde. ‚Erlöst' im übertragenen Sinne wurde sie erst dank ihres Wittenberger Bruders, der die Schulden beglich und seiner Schwester wieder zur Freiheit verhalf. Um 1500 hatte sich das Gebäude im Besitz des Gothaer Bürgermeisters Jobst (Jodokus) Brengebier (Brengbier) befunden, dessen Tochter Barbara 1512 Lucas Cranach d. Ä. heiratete. Von Barbara Brengebier ist wenig bekannt. Der Überlieferung nach soll sie eine stolze und schöne Frau gewesen sein, die den Reichtum ihres Mannes ebenso wie Pelze liebte. In Wittenberg erzählte man sich, dass sich Barbara bitter beklagte, da sie in den zahlreichen Gemälden ihres Mannes nie auftauchte. Allerdings soll sie auf dem Altargemälde in der Wittenberger Stadtkirche von St. Marien zu sehen sein: von hinten in einem dicken Pelz. Spöttern zufolge konnte Cranach seine Frau nicht von vorne zeigen, da Barbara ihm als Modell für seine „nackerten Weiber" gedient haben soll. Heißt: jeder kannte ihr Gesicht und vermutlich weit mehr ...

Zu Luthers und Cranachs Zeiten beherrschte der weithin sichtbare ***Grimmenstein*** die Stadt. Er wurde 1567 gesprengt und nahezu vollkommen vernichtet. Unmerklich überquert man die alten Kasematten, von denen der 1643 bis 1656 errichtete Gothaer ***Friedenstein***, das einstige Gothaer Residenzschloss, ehedem als eine der größten barocken Festungsanlagen im mitteldeutschen Raum umzogen war. Die Pläne dazu hatte der Festungsbaumeister Andreas Rudolph vorgelegt, während der Baumeister Caspar Vogel die Bauausführung innehatte. Maßgeblichen Einfluss nahmen darauf Herzog Wilhelm IV. von Sachsen-Weimar als Bruder des Bauherrn Herzog Ernst I. samt seinem Architekten Johann Moritz Richter d. Ä. Dabei wurden sowohl Teile der älteren, 1643 noch unter dem Schutt des einstigen Grimmenstein verborgenen Kellergewölbe in den Neubau des Schlosses Friedenstein einbezogen als auch darunter liegende Vorgängerbauten der Kasematten. Allerdings gilt der Blick in erster Linie dem Gebäude oberhalb mit seinen opulenten Kunstsammlungen: Schloss Friedenstein.

Rathaus

Cranachhaus

Das barocke Universum des Gothaer Friedensteins ist weltweit einzigartig. In dem gewaltigem Schlossbau haben sich Innenräume mit Schlosskirche und Ekhof-Theater sowie den fürstlichen Sammlungen über 350 Jahre erhalten: angefangen von der Kunstkammer über das Naturalienkabinett bis zur Gemälde- und Antikensammlung. Die Münzsammlung gehört nach Berlin und München zu den führenden, und die Universitäts- und Forschungsbibliothek wird aufgrund ihrer wertvollen historischen Buchbestände in einem Atemzug mit der Herzog August Bibliothek in Wolfenbüttel genannt. Zum imposanten Schlossbau Herzog Ernsts I., des Frommen, dessen Herzogtum sich lange Zeit als Sachwalter des Luthertums verstand, lieferte Caspar Vogel die Pläne, während Andreas Rudolph die Bauausführung oblag.

Das erste barocke Residenzschloss auf deutschem Boden verfügt über ungeheure Ausmaße. Der Nordflügel mit dem Corps de logis misst 100 Meter, die beiden Seitenflügel sind jeweils 140 Meter lang. Das auf den Ruinen der Festung Grimmenstein errichtete Schloss wurde Zentrum des 1640 gegründeten Herzogtums Sachsen-Gotha, das zum führenden Territorium in Thüringen aufstieg und von Altenburg bis an die Rhön bzw. von Heldburg bis zum Thüringer Becken reichte. Mit dem während des Baues in Auftrag gegebenen Band der „Moralischen Gewissensskrupel" wollte Ernst I. den Bau mitten im Dreißigjährigen Krieg rechtfertigen. Immerhin war es eines der größten Schlösser im Reich, dazu bestimmt, fürstliche Wohnung und Landesverwaltung aufzunehmen. Die frühbarocken Räume des Nordflügels, darunter das Audienzgemach des Herzogs sind in ihrem originalen Zustand von europäischer Einmaligkeit. Als einstiges Zentrum der Staatsverwaltung erhielt der Raum die prächtigste Ausstattung. Das protestantische Selbstverständnis schlug sich nicht nur in der Architektur des Schlosses Friedenstein nieder, sondern auch in den herzoglichen Sammlungen zahlreicher authentischer Zeugnisse der Lutherzeit. Einen Blick lohnt ohne Zweifel ein alter Stiefel, doch nicht irgendeiner. Es handelt sich um den Stiefel Kurfürst Johann Friedrichs I., des Großmütigen, von Sachsen. 1547 war der Kurfürst seines Schuhwerks beraubt worden, als er nach seiner Niederlage in der Schlacht von Mühlberg vor den Kaiser und den Herzog von Alba geführt wurde. Der Schuh fand sich 1632 in der alten Kunstkammer der bayerischen Kurfürsten in München – „Beutekunst", die vermutlich beim Einzug der schwedischen Truppen in München 1632 wieder zur Beute wurde und über Herzog Ernst I. von Sachsen-Gotha auf den Friedenstein gelangte. Das bayerische Inventar hatte den Stiefel, dessen Gegenstück sich noch 1850 in der Kunstkammer des spanischen Königs in Madrid befunden haben soll, als „Herzog Johan Friedrichs von Sachsen Stifel unglaublicher Weite" beschrieben. Neben solchen Kuriosa gibt es jede Menge Malerei der Reformationszeit zu sehen. Die Einblattdruck- und Flugblattsammlung Herzog Ernsts I. von Sachsen-Gotha ist ein kultur- und kunstgeschichtlicher Schatz von herausragender Bedeutung. Auch besitzt das Schlossmuseum aus kurfürstlich ernestinischem Besitz eine umfangreiche

Schloss Friedenstein, Stadtseite (Nordseite)

Schloss Friedenstein, Südseite

und sehr qualitätvolle Cranach-Sammlung mit 23 Gemälden und einem Großteil des grafischen Werks von Lucas Cranach, der das reformatorische Bildprogramm entscheidend prägte.
Unter den allein elf eigenhändigen Werken Lucas Cranachs d. Ä. gilt das in Gotha unter dem Titel „Verdammnis und Erlösung" bekannte Schlüsselwerk als einzige lutherische Neuschöpfung im Bereich der bildenden Kunst. Das allegorische Lehrbild bezieht sich auf das zentrale reformatorische Bildthema Gesetz und Evangelium. Es verkündete Luthers Lehre von der Rechtfertigung des sündigen Menschen vor Gott allein durch die Gnade Gottes und den Glauben an den gekreuzigten Christus. Cranach schuf die Tafel im Jahre 1529 in Wittenberg. Anzunehmen ist, dass für das ikonografische Programm Philipp Melanchthon und Martin Luther, mit denen der Künstler eine enge freundschaftliche Verbindung hegte, als Ratgeber beteiligt waren. Nach den Briefen des Apostels Paulus wird der Weg des Menschen aus Verdammnis, Sünde und Gesetz zu ewigem Leben, Glaube und Gnade aufgezeigt. Das Thema ist mit großer lehrhafter Prägnanz dargestellt. Ein Baum in der Bildmitte trennt die typologisch gegenübergestellten Ereignisse aus dem Alten und dem Neuen Testament. Auf der Seite des Gesetzes ist der Baum des Lebens vertrocknet, während er im rechten Bildfeld, der Seite des Evangeliums, grünt. Links jagen Tod und Teufel den sündigen Menschen ins Höllenfeuer, während Moses auf die Gesetze verweist. In der rechten Bildhälfte zeigt Johannes der Täufer auf Christus am Kreuz als Erlöser der Menschheit. Die Schriftleiste enthält Bibelzitate, aus denen Luther seine Rechtfertigungslehre entwickelte.
Die ***Forschungsbibliothek*** des Gothaer Friedensteins hat den Rang einer Referenzsammlung für die Geschichte des mitteldeutschen Protestantismus vom 16. bis 18. Jahrhundert. Neben zahlreichen Originalschriften Luthers, Melanchthons und Calvins sowie weiterer berühmter Reformatoren aus Mitteldeutschland und Europa vereint der Bestand Alte Drucke, Korrespondenzen, Tagebücher und Nachlässe, die vor dem Hintergrund des 200. Jubiläums der Reformation 1717 im Auftrag der Herzöge von Sachsen-Gotha-Altenburg vom lutherisch-orthodoxen Theologen Ernst Salomon Cyprian gesammelt wurden. Dadurch wurde Gotha zu einem frühen Zentrum der Reformationsforschung.

Gräfenthal

Alte Schule und ev. Stadtkirche St. Marien

Gleich zweimal machte der Reformator in Gräfenthal Station, durch das die Handelsstraßen von Nürnberg nach Leipzig und Nürnberg-Eisleben (Kupferstraße) führten. Seit 1462 bestand in Gräfenthal eine Saigerhütte für mansfeldisches Kupfer, das hier dank des Waldreichtums entsaigert wurde. Das erste Mal übernachtete Luther am 26. Oktober 1518 auf seiner Rückreise von Augsburg auf Burg Wespenstein. Das zweite Mal befand er sich im Tross des sächsischen Kurfürsten, als er auf dem vermeintlichen Weg nach Augsburg (der Luther nur bis Coburg führen sollte) hier am 14. April – Gründonnerstag – 1530 in der Stadtkirche predigte. Der 1340 erstmals erwähnte Ursprungsbau ist nicht erhalten, der heutige wurde 1726 bis 1731 unter Verwendung spätgotischer Bauteile neu erbaut. Der oberhalb von Gräfenthal gelegene Wespenstein – Schloss der Reichserbmarschälle von Pappenheim – wurde ursprünglich als Burg der Grafen von Orlamünde im 13. Jahrhundert errichtet und gelangte 1438 in den Besitz der Pappenheims, die ihn bis 1517 zum Schloss umbauten. 1525 führte Sebastian von Pappenheim hier die Reformation ein. 1621 verkauften die von Pappenheim die Herrschaft an Sachsen-Altenburg, 1686 brannte Schloss Wespenstein nieder, wobei man den südöstlichen Teil nicht wiedererrichtete.

Schloss Wespenstein

Grimma

„Nun will ich der Paucke ein Loch machen!" soll Martin Luther in Grimma angesichts der Ablassgeschäfte Tetzels erbost ausgerufen haben. Mehr als neun Mal hielt sich der Reformator in der Stadt im Muldetal auf, erstmals 1516 im Rahmen einer Visitation des örtlichen Augustinerklosters, wo er den Distriktsvikar Wenzel Linck vertrat. Hier soll er auch erstmals den Gedanken einer Kirchenreform geäußert haben, für den ihm Tetzels reger Ablasshandel den Anlass bot. Durch seine Predigten in der Augustinerklosterkirche beeinflusste er die Stadt stark. Bereits 1519 bemerkte Luther, dass die Bekehrten längst die Oberhand in Grimma hätten. Bei seinem Aufenthalt 1519 begleiteten ihn Justus Jonas, Philipp Melanchthon und der Amtmann Hans von der Planitz. 1523 wurden in Grimma erste reformatorische Schriften gedruckt. Das reformatorische Gedankengut wirkte sich bis in das nahe gelegene Frauenkloster Marienthron in Nimbschen aus. Im gleichen Jahr, in der Nacht vom Ostersamstag zum Ostersonntag, dem 6. zum 7. April, floh daraufhin Luthers spätere Ehefrau Katharina von Bora mit elf anderen Nonnen, darunter Ave und ihrer Schwester Margarethe, aus dem Kloster Nimbschen, wobei Luther sowie drei Bürger aus Torgau und der Torgauer Pfarrer Gabriel Zwilling behilflich waren. Katharina wurde am 29. Januar 1499 in Lippendorf bei Leipzig als Tochter Hans von Boras und der Katharina von Haubitz oder Haugwitz geboren. Nach dem frühen Tod der Mutter vor 1505 gab sie

Klosterkirche und Gymnasium St. Augustin (ehem. Landes- und Fürstenschule Grimma) mit der Mulde

Kloster Nimbschen

ihr Vater zur weiteren Erziehung ins Benediktinerinnenkloster Brehna bei Halle. Von dort gelangte sie nach Nimbschen ins Kloster Marienthron, wo ihr Aufenthalt seit 1509/10 nachweisbar ist. Die Äbtissin des Klosters, das als streng galt, war offenbar Katharinas Tante Margarethe von Haubitz. In Brehna und Nimbschen lernte Katharina lesen, schreiben und singen und auch die Grundzüge in Latein. 1515 legte sie ihr Gelübde als Nonne ab, denn sie war für den geistlichen Stand bestimmt. Die eigentliche Flucht führte der Torgauer Ratsmann Leonhard Koppe mit seinem Planwagen durch. Anders als später kolportiert, lieferte Koppe als Großhändler Waren an das Kloster Nimbschen – in der Fastenzeit Heringe und Stockfische. Von den zwölf geflohenen Nonnen gingen drei sofort zu ihren Familien zurück. Die Flucht war besonders für die Helfer gefährlich, denn Herzog Georg von Sachsen hatte auf die Entführung von Nonnen die Todesstrafe gesetzt. Erst in Torgau waren die übrigen neun Nonnen sicher, da diese Stadt zum Territorium Kurfürst Friedrichs des Weisen gehörte. Für die mittellosen Nonnen ließ Luther in Wittenberg zunächst am kurfürstlichen Hof eine Kollekte organisieren. Zur ‚Entführung' der Ordensfrauen bekannte sich Luther sofort, indem er wenige Tage nach Ostern eine kleine Schrift mit dem Titel „Ursach und Antwort, daß Jungfrauen Klöster göttlich verlassen mögen" herausgab. Dabei nannte er auch die Namen der Nonnen. Die meisten heirateten später oder wurden bei ihren Verwandten aufgenommen. Katharina von Bora fand Arbeit im Haus von Philipp Reichenbach, ehe sie von Lucas Cranach d. Ä. und dessen Frau Barbara aufgenommen wurde.

Das Nimbschener Kloster Marienthron ist heute eine Ruine. Es war 1243 von Markgraf Heinrich dem Erlauchten zunächst bei Torgau gegründet worden und zog zweimal um. Als Mutterkloster diente das Männerkloster der Zisterzienserabtei Pforta, deren Mönche die Beichtvätern der Nonnen waren. Das Nimbschener Kloster wurde vor 1291 errichtet und bestand bis 1543. Luther hat den Ort nachweislich nie besucht. Das

Klosterkirche St. Augustin

Klostervermögen fiel 1550 an die im ehemaligen Augustinerkloster eingerichtete Landes- und Fürstenschule als dritter Einrichtung dieser Art neben Meißen und Schulpforta. Heute ist Nimbschen Teil des Lutherwegs von Zwickau nach Wittenberg.

Erhalten blieb die ***Augustinerkirche*** in Grimma. Der ursprüngliche Bau wurde 1315 ein Opfer des Hochwassers. Die ungünstige Lage in der Nähe der Mulde führte immer wieder zu Schäden (zuletzt 2013). Nach einem Brand im Jahre 1430 ist die Klosterkirche wiederaufgebaut und 1435 neu geweiht worden. Mit einer Länge von über 54 Metern und einer durchschnittlichen Breite von zwölf Metern sowie einer Mauerstärke von 1,45 Meter entspricht sie etwa der Augustiner-Mutterkirche in Gotha. Luther soll das Gebäude als „Brustbrecher“ für seine Predigten bezeichnet haben. Gemeint ist die Schwierigkeit, den rund 11 000 Kubikmeter umfassenden, 19 Meter hohen Raum mit seiner ursprünglichen Holztonnendecke stimmlich auszufüllen. 1529 wurde in Grimma die Reformation eingeführt, doch bereits ab 1522 verließen Mönche das Kloster. Erst 1541 zogen die letzten Mönche aus. Mit der Auflösung des Klosters verlor die Kirche ihre ursprüngliche Zweckbestimmung und hatte von da an nie ihre eigene Kirchgemeinde. Sie wurde seitdem überwiegend für evangelische und bisweilen auch für katholische Gottesdienste genutzt. Nach 1550 bildete sie mit der neu gegründeten Landes- und Fürstenschule ein einzigartiges bauliches Ensemble, das überregional zu den bekanntesten Stadtansichten der Muldestadt zählt. Schwere Bauschäden führten nach langem Leerstand zum Einsturz des Daches. Erst nach 1990 gelang die Wiederherstellung. Heute dient die Klosterkirche der Stadt Grimma als Ort für Kunst, Kultur und Musik, für Ausstellungen und Konzerte.

Schloss

Lutherdenkmal von Ernst Rietschel, 1883

Halle

Mit Kardinal Albrecht von Brandenburg, Erzbischof von Magdeburg und Mainz, residierte in Halle rund 30 Jahre lang Luthers wichtigster und populärster Gegenspieler. Der Kardinal war nach dem Papst der ranghöchste kirchliche Würdenträger im Heiligen Römischen Reich Deutscher Nation. Seinen aufwändigen Lebensstil verbunden mit der Liebe zu Kunst und Architektur finanzierte er großenteils aus den Einnahmen des Ablasshandels. Eifrigster Wortführer hierbei war der besonders aktive Dominikanermönch Johannes Tetzel, der noch am 22. Januar 1517 auf sein Predigeramt vereidigt worden war. Tetzel trat neben anderen Orten im Erzstift Magdeburg auch an der hallischen Martinskapelle auf, wobei er großen Zulauf wegen seines marktschreierischen Auftretens fand. Dies veranlasste Luther, dem Kardinal am 31. Oktober 1517 einen Brief mit den berühmten 95 Thesen zu schicken, der den Anstoß zur reformatorischen Bewegung gab. Luthers Kritik richtete sich neben dem Ablasshandel auch gegen die Reliquiengläubigkeit Albrechts, der mit dem „Halleschen Heiltum" die größte Sammlung solcher als Heil bringend geltenden Relikte besaß – rund 20 000 Objekte! Der Kardinal versuchte indes, seine Residenz zu einer Trutzburg gegen die Reformation auszubauen. Er gestaltete das kirchliche Leben der Stadt um und legte die Marien- und Gertraudenparochie zur neuen Marien- bzw. Marktkirchengemeinde zusammen. 1520 gründete er das Neue Stift in der Dominikanerkirche, das den Rang eines Doms führte. Auch initiierte er die Gründung der katholischen Universität Halle als Gegenpol zur evangelischen Leucorea in Wittenberg. Das Eindringen des lutherischen Gedankenguts erfolgte jedoch bereits in den 1520er Jahren, als Georg Winkler 1523 am Neuen Stift lutherisch predigte. 1527 wurde er auf einer Reise bei Aschaffenburg ermordet. Luther widmete ihm und den evangelischen Gläubigen in Halle seine Schrift „Trostunge". 1538 schloss Albrecht mit seinem Bruder Joachim den Halleschen Bund gegen den Schmalkaldischen Bund. Dies und nicht zuletzt die Hinrichtung des Hans von Schönitz als ehemaligem, in Ungnade gefallenem Günstling Albrechts veranlassten Luther zur Herausgabe einer sehr heftigen Schmähschrift gegen den Kardinal. Dessen Schuldenberg war derart angewachsen, dass er den evangelischen Untertanen im Stift Magdeburg nun gegen Übernahme seiner Schulden freie Religionsausübung bewilligte. 1541 wurde er aus der Hallenser Moritzburg vertrieben. Luther hielt drei Predigten in der Marktkirche zu Halle, die erste fand am 15. April 1541 statt. Zum Prediger an der Marienkirche wurde Justus Jonas, vormaliger Dekan der Theologischen Fa-

Marienbibliothek

Hallmarkt und Marktkirche Unser Lieben Frauen

kultät der Universität Wittenberg berufen. Mit Unterbrechung 1547/48 wirkte Jonas bis 1551. Martin Luther predigte am 5. August 1545 zum ersten Mal in der noch im Bau befindlichen Marienkirche. Im Anschluss wurde er vom städtischen Rat gastlich empfangen und mit einer Ehrengabe von 60 Talern ausgezeichnet. Den Betrag stiftete er der Marienkirche. Luther übernachtete im Haus „Zum goldenen Schlösschen" in der Schmeerstraße 2, in dem auch Jonas wohnte. Im Januar 1546 besuchte Martin Luther erneut Halle, wo er am 25. Januar in der Marienkirche predigte. Nach seinem Tod am 18. Februar 1546 machte der Trauerzug in Halle Station, wo Luthers Leichnam unter reger Anteilnahme der Bevölkerung zur Marienkirche geleitet wurde. Der Reformator wurde dort über Nacht in der Sakristei aufgebahrt. Die noch in Eisleben am 19. Februar 1546 angefertigte Totenmaske und die Abdrücke der Hände gelangten über Justus Jonas in den Besitz der Marienkirche. Maske und Hände wurden 1663 durch den Hallenser Künstler Lucas Schöne zu einer lebensgroßen Lutherfigur zusammengefügt. Bis heute sind Luthers Totenmaske und ein Abdruck seiner Hände in der Marktkirche Unser Lieben Frauen zu sehen. Zur Marktkirche gehört auch die älteste evangelische Kirchenbibliothek. Sie ist eine der größten ihrer Art in Deutschland mit 30 000 Bänden. Die ***Marienbibliothek*** beherbergt verschiedenste Lutherbibeln, darunter Ausgaben mit handschriftlichen Notizen des Reformators. Hier wird auch eine hölzerne Kanzel aufbewahrt, die vermutlich ab 1541 Luther und Jonas als Predigtstuhl diente. Die steinerne Kanzel in der Marktkirche entstand erst 1547. Dort weist jedoch eine Inschrift auf die Einführung der Reformation 1541 hin.

Die 1271 begonnene und im ersten Viertel des 14. Jahrhunderts vollendete ehedem schlichte Dominikanerkirche ließ Kardinal Albrecht bis 1523 zu seinem ***Stiftsdom*** umgestalten und über der Dachtraufe rundum durch einen rundbogigen Giebelkranz erhöhen. Im Dom hatte Albrecht von Brandenburg seine berühmte Sammlung mit 20 000 Reliquien untergebracht. An der Ausstattung der Kirche waren Maler wie Lucas Cranach, Albrecht Dürer und Matthias Grünewald beteiligt. Als Kardinal Albrecht Halle auf Druck der Reformationsbewegung verließ, nahm er alle Kunstwerke des Doms nach Mainz und Aschaffenburg mit – bis auf die Kanzel von 1526, das Chorgestühl und die zwischen 1522 und 1525 entstandenen überlebensgroßen Standbilder an den Langhauspfeilern, darunter die Zwölf Apostel. Zwischen 1637 und 1680 diente das Gotteshaus als Hofkirche des evangelischen Administrators Herzog August von Sachsen-Weißenfels. Damals erhielt sie ihr teils barockes Erscheinungsbild. Zwischen 1996 und 2005 wurde das Gebäude letztmalig umfassend saniert und restauriert. Es dient heute als Kirche der evangelisch-reformierten Domgemeinde.

Unter Kardinal Albrecht erhielt auch die ***Moritzburg*** eine prunkvolle Ausstattung mit Holztäfelungen, Kachelöfen, Teppichen, Wandmalereien und Gemälden. Seit 1904 ist hier das Kunstmuseum Halles untergebracht, aus dem das heutige Landeskunstmuseum Sachsen-Anhalts mit bedeutenden Sammlungen von Gemälden, Grafiken, Plastiken, Fotografien und Münzen hervorging. Entstanden war die im Nordwesten der Stadt an der Mühlgrabensaale gelegene Moritzburg unter Erzbischof Ernst von Magdeburg

Dom zu Halle

Dom, Innenraum

1484 bis 1503 als Stadtfestung und Wohnschloss.

Halle blieb auch nach Luthers Tod ein wichtiger Ort für den Protestantismus. So gründete der Pfarrer und Universitätsprofessor August Hermann Francke (1663–1727), einer der bedeutendsten Vertreter des deutschen Pietismus, 1698 vor den Toren Halles eine Schulstadt, aus der die heutigen ***Franckeschen Stiftungen*** erwuchsen. Sie griffen die Impulse der Reformation auf und trugen deren Geist in die ganze Welt. Das baulich einmalige Ensemble ist bis heute erhalten und beherbergt derzeit rund 50 Einrichtungen. Alle stehen mit den Ideen und dem Werk Franckes in enger Beziehung. Der Bibliotheksbau (1726–1728) gilt als der älteste noch erhaltene profane Bibliothekszweckbau Deutschlands. In dem barocken Magazin stehen etwa 35 000 Schriften des 16. bis 19. Jahrhunderts.

Die heutige ***Martin-Luther-Universität*** (MLU) ist aus zwei Universitäten entstanden. Die ältere wurde 1502 in Wittenberg gegründet und die andere unter Kurfürst Friedrich III. von Brandenburg 1694 in Halle. In Halle wirkten um 1700 herum Christian Thomasius und Christian Wolff, die die Stadt zu einem der Ausgangspunkte der deutschen Aufklärung machten. 1817 wurden beide Universitäten vereinigt, was im Doppelsiegel der Universität Halle-Wittenberg symbolischen Ausdruck fand. Auf Anregung des Direktors der medizinischen Universitätsklinik Prof. Theodor Brugsch (1878 – 1963) wurde zum 450. Geburtstag Martin Luthers 1933 die damalige Vereinigte Friedrichs-Universität Halle-Wittenberg in Martin-Luther-Universität umbenannt.

Moritzburg

Franckesche Stiftungen, Historisches Waisenhaus

Marktplatz mit Marktkirche, Händel-Denkmal und Rotem Turm

Heidelberg

„Martin Luther 1483/1546 / Zum Gedenken an seinen Aufenthalt im Kloster der Augustiner und an seine Heidelberger Disputation am 26. April 1518 im Lutherjahr 1983“. Eine Tafel mit dieser Inschrift ist in den Boden des Universitätsplatzes eingelassen, und dies nicht von ungefähr, denn hier befand sich im Mittelalter das Augustinerkloster. Es verschwand im 18. Jahrhundert unter Kurfürst Carl Theodor aus dem Stadtbild und ist doch unter dem Pflaster des Universitätsplatzes bis heute in seinen Grundmauern erhalten. Heidelberg war 1518 die erste Stadt, die Martin Luther nach der Veröffentlichung seiner 95 Thesen besuchte. Auf Veranlassung Roms wurde er vom Augustinerorden zu einer Disputation eingeladen, in der er seine Thesen näher erläutern sollte. Die Universität Heidelberg bot Martin Luther ein Forum, um seine reformatorischen Ideen außerhalb von Wittenberg öffentlich zu vertreten und gegen Kritiker zu verteidigen. Martins Landesherr Kurfürst Friedrich der Weise hatte Luther mit einem Empfehlungsschreiben ausgestattet, mit dem er über Würzburg nach Heidelberg kam. Hier wohnte er im Augustinerkloster. Da Pfalzgraf Wolfgang, ein jüngerer Bruder Kurfürst Ludwigs V., 1515 in Wittenberg studiert hatte, wurde Luther sehr freundschaftlich im Schloss empfangen und zur Tafel geladen.

Im Mittelpunkt der Reise nach Heidelberg stand die Versammlung des alle

Blick vom Schloss auf die Altstadt mit Heiliggeistkirche, Alter Brücke und Karlsplatz

Heidelberger Schloss, Blick vom Philosophenweg

drei Jahre einberufenen Generalkapitels des deutschen Augustinereremitenordens im April 1518. Generalvikar war seit 1503 Johann von Staupitz, einer der Mentoren des Augustinermönchs Luther. Das Generalkapitel stand 1518 im Spannungsfeld von Auseinandersetzungen innerhalb des Ordens. Der eigentliche Generalkonvent tagte höchstwahrscheinlich am 25. April 1518, wobei Staupitz als Generalvikar wiedergewählt wurde. Die im Begleitprogramm vorgesehene Disputation unter Leitung Luthers sollte einen besonderen Akzent zugunsten der Reformrichtung setzen. Die Theologen- und die Artistenfakultät der Universität unterstützten die Zusammenkunft, denn die Disputation am 26. April 1518 fand nicht im Augustinerkloster, sondern im Hörsaal der Artistenfakultät statt. Luther leitete die Disputation, in der er 28 theologische und 12 philosophische Thesen vortrug, darunter die Rechtfertigungslehre als ein zentrales Moment seiner Theologie und zentrales Moment auch in Heidelberg.

Schloss, Dicker Turm und Englischer Bau

Ein Teil der Thesen erschien bereits 1520 im Druck. Die vollständige Ausgabe von 1530 wurde von Luther selbst ediert. Ein Skandal blieb in Heidelberg aus. Zwar erhielt die Universität vom Hof einen Tadel wegen der Unterstützung fremder Disputationen, doch sonst blieb es ruhig. Neben den Ordensmitgliedern hatten auch Universitätsangehörige teilgenommen. Bei den Zuhörern fanden Luthers Thesen sehr unterschiedliche Aufnahme. Während sich sechs Theologieprofessoren und Artisten, darunter Johann Hoesser, Peter Scheibenhart und Georg Schwartz, während der Disputation mit Kritik zu Wort meldeten und auch in späteren Jahren fest im alten Glauben verharrten, reagierten vor allem junge Mitglieder der Artistenfakultät sowie Studenten mit begeisterter Zustimmung. Von insgesamt zehn Personen, die in den 1520er Jahren als evangelische Prediger und Reformatoren wirkten, ist gesichert, dass sie an der Disputation in Heidelberg persönlich teilgenommen hatten, darunter Theobald Billican, Johannes Brenz, Martin Bucer, Georg Georg Ebner, Paul Fagius, Martin Frecht, Hartmann Hartmanni, Franciscus Irenicus, Erhard Schnepf und Wenzel Strauss. Diese in Heidelberg gewonnenen Anhänger Luthers entfalteten ihre Wirkung vorwiegend im südwestdeutschen Raum, vor allem in den Reichsstädten. Unter ihrem Einfluss wurde hier die Reformation verhältnismäßig früh eingeführt. Besonders Straßburg wurde dank Bucers Wirken zu einem Zentrum der reformatorischen Bewegung. In letzter Konsequenz ist kaum beweisbar, dass die genannten zehn Personen wirklich durch die Heidelberger Disputation für die Reformation gewonnen werden konnten. Doch zumindest Bucer zeigte sich in einem Brief an seinen Freund Beatus Rhenanus beeindruckt. Mit dem Heidelberger Katechismus von 1563 wurde die kurpfälzische Hauptstadt zum deutschen Genf und zum Vorort der reformatorischen Theologie calvinistischer Prägung, doch den Auftakt zur pfälzischen Reformation bildete die Disputation Luthers 1518.

Schlosskapelle

Ottheinrichsbau, Portal

Jena

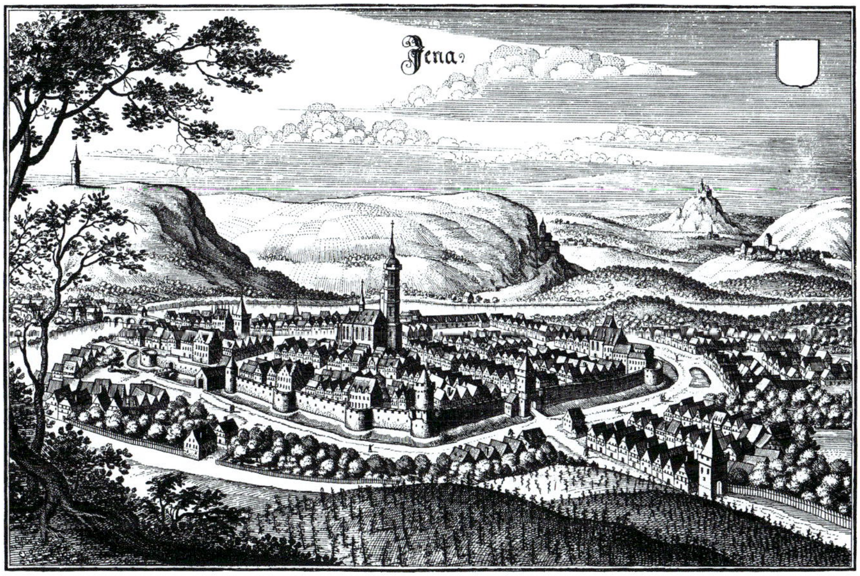

Matthäus Merian d. Ä., Jena um 1650 (aus: Topographia Germaniae)

Jena, das man bis heute mit der optischen Industrie und den Namen Abbé und Zeiss verbindet, wurde bereits 1182 urkundlich erwähnt und gehörte 1423 zum Kurfürstentum Sachsen. Nach der Leipziger Teilung 1485 blieb Jena Teil des ernestinischen Sachsens. 1524 wurden hier reformatorische Schriften gedruckt, Luther predigte in der Stadtkirche und disputierte mit Karlstadt. Die Jenaer ***Stadtkirche St. Michael***, einer der größten gotischen Sakralbauten Thüringens, entstand zu Beginn der 1380er Jahre in mehreren Teilabschnitten bis Mitte des 16. Jahrhunderts als dreischiffiger Bau. Eine Besonderheit ist der überwölbte Durchgang unter dem Chor. Die Südfassade, vor der Markthändler ihre Waren feilbieten, ist als repräsentative Schaufassade gestaltet, insbesondere das dort befindliche, auf süd(west)deutsche oder böhmische Einflüsse zurückgehende Brautportal der ersten Bauphase. Auch die zwischen 1486 und 1506 gefertigte, am zweiten Pfeiler der Südarkaden angebrachte Kanzel hat die Zerstörung überdauert – hier stand Martin Luther und predigte am 22. August 1524. In seiner Predigt wandte er sich gegen den „Allstedter Geist", bei dem Karlstadt fälschlich der Sympathie für den aufrührerischen Theologen Thomas Müntzer (um 1489–1525) bezichtigt wurde. Ziel von Luthers Predigt bestand darin, die reformatorische Bewegung wieder in „geordnete Bahnen" zu lenken. Eine Besonderheit ist die erhaltene bronzene Grabplatte Martin Luthers von 1548. Heinrich Ziegeler d. J. hatte sie nach einer Bildvorlage Lucas Cranachs d. Ä. und einem Holzmodell (heute in der Erfurter St. Andreaskirche) geschaffen. Durch die Wirrnisse des Schmalkaldischen Krieges und durch den Verlust der kursächsischen Residenzstadt Wittenberg verblieb die Grabplatte 1571 in Jena. Das vom Mittelschiff dominierte Innere wurde nach der Kriegszerstörung 1945 vereinfacht wiederhergestellt. Seit dem Jahr 2000 bekrönt die rekonstruierte Renaissancehaube wieder den Kirchturm und schloss den Wiederaufbau des Gotteshauses end-

Turm der Stadtkirche St. Michael

lich ab. Luthers Jenaer Quartier ist erhalten und befindet sich mit dem heutigen ***Hotel „Schwarzer Bär“*** am Fürstengraben in unmittelbarer Nähe zur Stadtkirche. 1524 hatte Luther hier übernachtet und am 22. August nach der Predigt jene vielfach skizzierte scharfe persönliche Auseinandersetzung mit Karlstadt alias Andreas Bodenstein ausgefochten, die ergebnislos verlief. Stattdessen vertiefte sie den Bruch zwischen den beiden, und Luther wandte sich in Kahla und Neustadt/Orla umso erbitterter gegen Karlstadts „Bilderstürmerei“. Erstmals hatte Luther am 4. März 1522 im „Schwarzen Bären“ Quartier bezogen, als er sich – noch in der „Verkleidung“ des Junkers Jörg auf dem Heimweg von der Wartburg nach Wittenberg befand. Und 1529 berichtete er, wiederum in Jena Quartier nehmend, seinem Freund und engem Vertrauten Johann Agricola (1494/99–1566) von den Ergebnissen des Marburger Religionsgespräches. Besondere Bedeutung für Jena hatte Kurfürst Johann Friedrich I., der Großmütige, den man hier gern „Hanfried“ nennt. Im Schmalkaldischen Krieg stand er an der Spitze der Protestanten, verlor jedoch seine Kurwürde an seinen albertinischen Cousin Moritz von Sachsen und geriet in Gefangenschaft. 1548 legte er mit der „Hohen Schule“ den Grundstein der bis heute existierenden (Friedrich-Schiller-) Universität Jena. An ihn erinnert das anlässlich der 300-Jahrfeier der Universität 1858 entstandene ***Hanfried-Denkmal*** auf dem Jenaer Marktplatz von Johann Friedrich Drake (1805–1882).

Stadtkirche St. Michael, originale Grabplatte Luthers

Kemberg

Freundschaftliche Verbindungen zu seinem einstigen Eisenacher Mitschüler und Schulfreund Bartholomäus Bernhardi (1487–1551) und dessen Schwiegersohn und späteren Kemberger Propst Matthias Wanckel (1511–1571) führten Martin Luther wiederholt in das nur wenige Kilometer von Wittenberg entfernte Städtchen Kemberg. Es gilt heute als Nordtor der Dübener Heide. 1346 wurde es erstmals als Stadt erwähnt. Bernhardi hatte zunächst in Erfurt, dann in Wittenberg studiert und lehrte als Professor für Physik in Wittenberg. Zusätzlich studierte er Theologie und wirkte nach Stationen in Brandenburg (Havel), Halberstadt und Chur ab 1516 als Sententiarius der Theologie. Dafür verfasste er die Disputation „Quaestio de viribus et voluntate hominis sine gratia". Mit dieser Streitschrift äußerte er sich zum Für und Wider von Luthers theologischem Anliegen. 1518 wirkte er als Rektor der Universität, wo er Luther während des Ablassstreites verteidigte. Im gleichen Jahr kam er als Propst und Pfarrer nach Kemberg, wo er die evangelische Lehre verkündete. Durch seine Heirat mit der aus Kemberg stammenden Gertraude Pannier am 24. August 1521 begründete er das evangelische Pfarrhaus. Aus der Ehe der Bernhardis gingen sieben Kinder hervor. Karlstadt (Andreas Bodenstein) hatte den Ehebund in einer Druckschrift verteidigt. Er selbst zog 1526 nach Kemberg bzw. ins Nachbardorf Bergwitz, um das Leben eines Bauern und Krämers zu führen. Das Zentrum der heutigen rund 10 000 Einwohner zählenden Gemeinde bildet noch immer die Stadtkirche Unser Lieben Frauen aus der Mitte des 14. Jahrhunderts (1325–1346) mit ihrem weithin sichtbaren 86 Meter hohen, neugotischen Turm. Die einstige Propsteikirche war der Allerheiligen-Stiftskirche in Wittenberg inkorporiert. Am 21. Februar 1546 wurde Luthers Leichnam bei der Überführung von Eisleben nach Wittenberg in der Kemberger Kirche aufgebahrt. Bis 1994 zierte das Innere der dreischiffigen, spätgotischen Hallenkirche ein Flügelaltar von Lucas Cranach d. J. und seiner Werkstatt aus dem Jahr 1565. Er wurde jedoch Opfer eines Schwelbrandes. Die erhaltenen, restaurierten Reste können heute in der Sakristei besichtigt werden. Der Altar war deshalb so bedeutsam, weil das Bild der Taufe Christi eine Gruppe von Wittenberger Reformatoren als Glaubenszeugen enthielt, darunter Luther, Melanchthon, Bernhardi, Bugenhagen und Wanckel. Kemberg ist Teil des Lutherwegs durch Sachsen-Anhalt.

Markt mit Stadtkirche Unser Lieben Frauen

Rathaus

Leipzig

Leipzig besitzt eine der ältesten Universitäten in Deutschland. Diese organisierte im Sommer 1519 mit der Leipziger Disputation ein akademisches Streitgespräch mit den Wittenberger Reformatoren. Die Zusammenkunft fand vom 27. Juni bis 16. Juli in der Pleißenburg statt. Die Teilnehmer waren Herzog Georg von Sachsen, Martin Luther, Philipp Melanchthon und Andreas Bodenstein/Karlstadt, Dekan der Theologischen Fakultät der Universität Wittenberg, die dem katholischen Ingolstädter Theologieprofessor Johannes Eck gegenübertraten. Der Disputation vorausgegangen war 1518 eine Fehde zwischen Karlstadt und Eck, die um Luthers 95 Thesen und Ecks Streitschrift „Obelsci" ging. Eck hatte daraufhin zum Streitgespräch aufgefordert, sich mit seinen Thesen jedoch hauptsächlich gegen Luthers Lehre gestellt. Er kämpfte für das Primat und die Unfehlbarkeit des Papstes und die Gewalt der Konzilien mit allen Mitteln. Er versuchte, Luther in die Nähe von Jan Hus zu rücken, und überzog permanent seine Redezeit. Luthers Eintreten für Jan Hus brachte ihm die Feindschaft des sächsischen Herzogs Georg des Bärtigen ein, der die Verbreitung der lutherischen Lehre im albertinischen Sachsen verbot. Währenddessen steckte Melanchthon Luther Zettel mit passenden Argumenten für das Streitgespräch mit Eck zu. Zu den Teilnehmern in Leipzig gehörten neben dem Rektor der Wittenberger Universität Herzog Barnim von Pommern 200 Studenten der Wittenberger Leucorea. Alle trafen am 24. Juni 1519 in Leipzig ein. Luther wohnte im Hause seines Druckerfreundes Melchior Lotter und predigte am 29. Juni in der Pleißenburg. Tatsächlich betrachteten sich in Leipzig beide Lager als Sieger. Dank der Veröffentlichung der Disputationstexte in Erfurt und Paris gelang es, Luthers Auffassungen breit zu publizieren. Allerdings hat der Reformator mit seinem Bekenntnis, dass weder der Papst noch das Konzil höchste Autorität in Glaubensdingen besäßen, den Bruch mit dem Papst in Rom endgültig besiegelt. Es nimmt nicht wunder, dass im Nachgang einige kritische Flugschriften, wie die des Pegauer Benediktinerabtes Simon Blick und seines Bruders, des Erfurter Stadtsyndikus' Wolfgang Blick, erschienen: „Verderbe und schade der Lande und leuthen am gut leybe ehre und der se[e]len seligkeit auß Lutherischen unnd seins anhangs lehre". Simon Blick hatte an der Leipziger Disputation teilgenommen. Die Flugschrift wurde vermutlich zur Jahreswende 1523/24 verfasst und ging mit Luther stark ins Gericht. Nicht nur, dass eben jeder erkennen müsse, wem er anhinge. Wer dies machte, der

„Das Veste Schloß Pleißenburg zu Leipzig", 1642

Ehemalige Pleißenburg mit Sternwarte, 1804

missachtete Gott und Christentum, da er die Ehre, die allein Gott zukomme, bloßen Menschen beilegte. Die Reformatorin Ursula Weida konterte geschickt, indem sie sich in ihrer Flugschrift 1524 allein auf das ‚sola scriptura' konzentrierte. So war es für sie ein Leichtes, sämtliche Autoritäten der alten Kirche in Frage zu stellen. Dem Erfolg Luthers taten die gegnerischen Flugschriften wie die der Blick-Brüder keinen Abbruch. Bereits 1522 war in Leipzig die erste lutherische Predigt gehalten worden, doch griff Herzog Georg hart durch und ließ noch 1533 rund 400 Lutheranhänger aus Leipzig ausweisen. Auch überwachte er den Buchdruck. Erst nach seinem Tod 1539 führte sein Nachfolger Herzog Moritz die Reformation in Sachsen ein. Pfingsten 1539 hielt Luther in der Thomaskirche die Festrede zur Einführung der Reformation. Mit ihm kamen Melanchthon, Jonas, Cruciger, der Pfarrer von Belgern und spätere erste Leipziger Superintendent Johann Pfeffinger und Friedrich Myconius aus Gotha. Der Bau der Thomaskirche datiert ins zwölfte Jahrhundert. In der Kirche wurde 1409 die Universität Leipzig gegründet. Zwischen 1492 und 1496 erhielt sie die Gestalt einer spätgotischen Hallenkirche. Bei der Renovierung 1884 bis 1889 verlor die Thomaskirche ihre gesamte Ausstattung der Barockzeit, die aufs engste mit dem Wirken Johann Sebastian Bachs verbunden war.

An der Stelle der 1897 abgebrochenen Pleißenburg errichtete Hugo Licht 1899 bis 1905 das Neue Rathaus. Ein Wahrzeichen ist heute der 114,7 Meter hohe Rathausturm, der noch auf den Fundamenten des alten Pleißenburgturms gründet.

Neues Rathaus

Leisnig

Zwei Aufenthalte führten Martin Luther 1522 und 1523 nach Leisnig, eine Stadt an der Freiberger Mulde, rund 50 Kilometer südöstlich von Leipzig. 1519 wurde hier die Reformation eingeführt, und evangelische Predigten und Taufen in deutscher Sprache wurden gehalten. Ein Jahr später berieten Rat und Kirchenälteste über die Neuordnung des Gottesdienstes und Gemeindelebens sowie über die Einrichtung eines „gemeinen Kastens" im Sinne einer Gemeindekasse. Bislang hatte das rund drei Kilometer muldeaufwärts gelegene Zisterzienserkloster Buch die Stellenbesetzungsrechte an der Leisniger Stadtkirche St. Matthäi wahrgenommen. Für jeweils fünf Tage hielt sich Martin Luther 1522 und 1523 in Leisnig auf und entsprach damit der örtlichen Bitte um Beratung über eine Sozialordnung. 1523 entstand daraus die Leisniger Kastenordnung als ältestes evangelisches Sozialpapier weltweit. Das Original von 1523 befindet sich bis heute in kirchlichem Besitz. Sie regelte im engeren Sinne die Verwaltung der Gelder, die die Gemeinde einnahm und in einem mit vier Schlössern versehenen Kasten aufbewahrte. Zur Verwaltung wurden zehn Vorsteher gewählt, darunter zwei Adelige, zwei Ratsherren, drei Bürger und drei Bauern. Je einer der Vorsteher der vier Stände erhielt einen Schlüssel. Luther gefiel die Kastenordnung so gut, dass er sie mit einem Vorwort in Wittenberg zum Druck gab, „auf das sie eyn gemeyn exempel wurde, dem auch viele andere gemeynen nachfolgeten". Dennoch ergaben sich Schwierigkeiten zwischen Kirche und dem Rat der Stadt über die Verwendung der Gelder, die erst 1529 im Rahmen einer Kirchenvisitation unter der Leitung von Justus Jonas beigelegt werden konnten. Nun erfolgte eine Einigung über die Besoldung der Pfarrer, Küster und Lehrer sowie ein allgemeines Bettelverbot. Die Kastenordnung wurde über die reformatorischen Stadtkirchenordnungen zum Modell der lutherischen Soziallehre im gesamten deutschsprachigen und nordeuropäischen Raum. Sie wurde später auch als Leitbild für eine freie evangelische Schule heran-

Muldental mit Burg Mildenstein

gezogen und sogar ins Japanische übersetzt. Die Kastenordnung hält die Verpflichtung zu gemeinsamer öffentlicher Verantwortung aus dem Glauben heraus bis in die Neuzeit wach. 1529 wurde Luthers Freund Wolfgang Fues als Superintendent in Leisnig eingeführt, das heute eine der ältesten Ephorien überhaupt hat. Die Ursprünge der Superintendentur am Kirchplatz 3 reichen in das frühe 15. Jahrhundert, sonst ins 16. Jahrhundert. Daneben lohnt der Blick ins Innere der Stadtkirche St. Matthäi, wo sich heute in lückenloser Reihenfolge die Porträts der Superintendenten von 1619 an befinden. Der Kirchenbau wurde 1460 bis 1484 anstelle eines romanischen Vorgängerbaues als dreischiffige spätgotische Hallenkirche errichtet. 1637 wurden Stadt und Kirche von den Schweden niedergebrannt, die Kirche wurde noch während des Dreißigjährigen Krieges bis 1649 wiedererrichtet. Das restaurierte Stadtgut in der Kirchstraße 15, in dem Luther während seiner Aufenthalte in Leisnig wohnte, birgt die 2013 anlässlich des 500. Luthergeburtstages eröffnete neue Dauerausstellung „Luther.Leisnig.Stadt.Gut" zur Leisniger Kastenordnung und Kirchenmusik. Besonderer Höhepunkt ist dabei die erstmalige Präsentation des umfangreichen Nachlasses des Kantoren, Komponisten, Autoren, Malers und Ehrenbürgers Leisnigs, Franciscus Nagler (1873–1957).

Inneres der Kirche St. Matthäi

Superintendentur

Luthergrund

Als Luther am 4. Mai 1521 in der Nähe von (Bad) Liebenstein im Glasbachgrund (heute: Luthergrund) „gefangen" genommen wurde, geschah dies zu seiner eigenen Sicherheit. Luther wusste von dem Scheinüberfall, seine beiden Begleiter Nikolaus von Amsdorf und Johannes Petzensteiner indes waren nicht eingeweiht worden und flohen, als Luther von Ritter Hundt von Wenkheim und seinen Mannen in Schutzhaft genommen wurde. Vor Ort erinnern der „Lutherborn" und die „Lutherbuche" an die Gefangennahme, die rasch bekannt wurde. Prominente Zeitgenossen wie etwa der Maler und Grafiker Albrecht Dürer (1471–1528) vermerkten in ihren Tagebüchern: „Freitag vor Pfingsten im Jahre 1521 kam die Mär […], daß man Martin Luther verräterisch gefangen hätte […] O Gott, ist Luther tot, wer wird uns hinfort das heilige Evangelium so klar vortragen!" Seit 1817 weist ein Findling auf die gefasste Quelle hin. Die Lutherbuche wurde am 18. Juli 1841 Opfer eines heftigen Gewittersturms. Aus ihrem der Kirchgemeinde Steinbach geschenkten Holz fertigten Handwerker Erinnerungsstücke. 1983 wurde an Stelle der Lutherbuche eine neue Blutbuche gepflanzt. Das markanteste Denkmal aber ließ Herzog Bernhard II. von Sachsen-Meiningen unweit seines Schlosses Altenstein 1857 im neugotischen Stil errichten. Es ist knapp acht Meter hoch, besteht aus einem Sandsteinquader mit neugotischer Bekrönung und Krabbenbesatz. Es trägt folgende vier Inschriften:

[1] „Hier wurde Dr. Martin Luther am 4. Mai 1521 auf Befehl Friedrichs des Weisen Kurfürsten von Sachsen aufgehoben und nach Schloß Wartburg geführet.
Er wird trinken vom Bache am Wege, darum wird er das Haupt emporheben. Psalm 110,7.

[2] Errichtet von Bernhard Erich Freund Herzog zu Sachsen Meiningen 1857.

[3] Herr mein Fels, meine Burg, mein Erretter, mein Gott, mein Hort, auf den ich traue. Psalm 18,3.

[4] Wer in Gerechtigkeit wandelt, und redet, was recht ist, der wird in der Höhe wohnen, und Felsen werden seine Veste und Schutz sein. Jesaias 33, 15 und 16."

Lutherdenkmal, Lutherbuche und Lutherborn (rechts) im Glasbachgrund

Magdeburg

Nicht ohne Grund gilt Magdeburg als „Bollwerk des Protestantismus“. Nirgendwo fand die Lehre Luthers so glühende und zahlreiche Verfechter wie in der Elbestadt. Sein erster Weg hatte ihn im Frühjahr 1496 oder 1497 noch als Schüler mit seinem Freund Hans Reinecke, Sohn des Mansfelder Hüttenmeisters, von Mansfeld hierher geführt. Beide traten in die erst 1482 gegründete Schule der „Brüder vom gemeinsamen Leben“ ein, die auch Troilus- oder Nullbrüder genannt wurden. Der Name ging auf eine nichtmönchische Reformbewegung zurück, deren Angehörige von ihrer Arbeit und der Schultätigkeit lebten. Über 30 Jahre später sagte Martin Luther über die Magdeburger Bildungsstätten: „Sie waren die Blüte und Krone aller Schulen, in welchen 600 Schüler aufs allerbeste unterrichtet wurden.“ Luther lebte nach eigenem Bekunden bei dem aus Mansfeld stammenden erzbischöflichen Offizial Paul Moßhauer, Vertreter des Magdeburger Erzbischofs in juristischen Angelegenheiten. Hier lernte er den späteren Magdeburger Bürgermeister Claus Storm (Nikolaus Sturm) kennen, der etliche Male bei Moßhauer zu Gast gewesen sei. Sturm war später einer derjenigen, der sich mit dem Rat auf die Seite der Reformation schlug. Und Luther traf bei Moßhauer auf Andreas Proles, der 1508 in Magdeburg starb und schon früh erklärte, dass eine Kirchenreform notwendig sei und das Papsttum stürzen werde. Als Kurrendesänger verdiente sich Luther sein Schulgeld, eine damals übliche Form des Broterwerbs. Bereits 1498 kehrte er nach Mansfeld zurück, um fortan in Eisenach die Schule St. Georg zu besuchen. Erst 1516 kehrte er nach Magdeburg zurück und weilte im Augustinerkloster, das er 1517 visitierte. Bereits damals hatte sich die Lage zugespitzt, standen sich Domherrenstift und städtischer Rat gegenüber. Der vom Klerus angehäufte Besitz brachte die Menschen Magdeburgs auf und zwar derart, dass die Stadt an der Elbe als „Kleinrom“ bezeichnet wurde. Die einheitliche Front gegen das Domstift war bereits zerfallen, und die Reformbestrebungen gingen teils weit über Luthers Forderungen hinaus, so dass Storm Luther nach Magdeburg einlud. Der predigte am 26. Juni 1524 in der Johanniskirche über die wahre und falsche Gerechtigkeit. Danach war ein Großteil des Rates überzeugt und folgte Luthers Reformation. Hunderte Menschen hatten vor der Kirche gestanden, um Luthers Predigt zu hören. Magdeburg war die erste Stadt, die daraufhin offiziell zur Reformation übertrat. Noch im selben Jahr wurde die katholische Messe abgeschafft. Nur das Domkapitel mit der Stiftskirche St. Sebastian, St. Nicolai und St. Gangolphi sowie die Klöster der Franziskaner, Dominikaner und der Prämonstratenser blieben zunächst katholisch. Die Buchdrucker Magdeburgs verbreiteten Luthers Schriften in bis dahin ungekanntem Ausmaß, alle Altstadtgemeinden traten der Reformation

Frans Hogenberg: Magdeburg um 1572

Dom

bei. Durch mehrere Predigten in der Klosterkirche (seit 1694 Wallonerkirche) trug Luther entscheidend dazu bei, die Reformation in der Stadt in bürgerlich-gemäßigte Bahnen zu lenken. Der von ihm nach Magdeburg gesandte Nikolaus von Amsdorf errichtete als erster Superintendent im ehemaligen Augustinerkloster eine Stadtschule, die zu großer Berühmtheit gelangte. Luther selbst nannte sie „Unseres Herrgotts Jungbrunn". Die Stadt galt schließlich als Bollwerk des deutschen Protestantismus. 1563 trat auch der Erzbischof zur lutherischen Lehre über. Und 1567 wurde im Dom der erste evangelische Gottesdienst gefeiert. Das städtische Selbstbewusstsein und das standhafte Bekenntnis zur Reformation mussten die Menschen Magdeburgs in späterer Zeit teuer bezahlen: Die Stadt wurde 1631 von Tillys Truppen eingenommen, in Brand gesetzt und fast vollständig zerstört.

Kirche St. Johannis (heute Festsaal und Konzerthalle)

Seit 1886 erinnert das von Emil Hundrieser errichtete ***Luther-Denkmal*** vor der Johanniskirche an den Reformator und seine Predigt. Die heute profanierte ***Johanniskirche*** ist für Magdeburg ein bedeutendes Symbol, weil sie überdies zu den ältesten deutschen Kaufmanns- und Bürgerkirchen gehört. Entstanden war sie ab 1131 als romanische dreischiffige, kreuzförmige Basilika. Nach ihrer letzten Zerstörung am 16. Januar 1945 blieb sie Ruine, bis auf Initiative eines Kuratoriums 1991 der Wiederaufbau begann, der 1999 abgeschlossen wurde. Heute ist die Johanniskirche wieder für die Öffentlichkeit zugänglich und gilt als außergewöhnlicher Veranstaltungsort der Stadt.

Die vormalige Klosterkirche St. Augustini gelangte durch kurfürstliches Privileg Friedrichs III. von Brandenburg vom 25. Mai 1689 an die aus Mannheim geflohene wallonisch-reformierte Gemeinde. Das Gotteshaus lag seinerzeit wüst und verlassen da. Erst 1694 konnte die nunmehrige ***Wallonerkirche*** wieder in Dienst genommen werden. Im Zweiten Weltkrieg wurde sie zerstört und ab 1967 wiederaufgebaut. Die Wallonerkirche der

Blick zur St.-Johannis-Kirche

Altstadtgemeinde ist heute eine anerkannte Radwanderkirche, die täglich besichtigt werden kann.
Natürlich hat Martin Luther bei seinen Aufenthalten auch den die Stadt beherrschenden Dom gesehen, der zu den größten Kirchenbauten Deutschlands gehört und die erste gotisch konzipierte Kathedrale auf deutschem Boden darstellt. Seine Ursprünge gehen ins Jahr 937 zurück, als Otto I. ein Kloster zu Ehren des Heiligen Mauritius gründete, dessen Kirche er ab 955 erweitern und 968 mit der Gründung des Erzbistums Magdeburg zur Kathedrale erheben ließ. Otto ließ den Dom mit antiken Kostbarkeiten ausstatten, die er aus Oberitalien nach Deutschland bringen ließ. 973 wurde er nach seinem Tod in Memleben im Magdeburger Dom bestattet.

St. Johannis, Inneres

Magdalenkapelle, St. Petri und Wallonerkirche

Wallonerkirche, Inneres

Mansfeld

St.-Georg-Kirche

Seit 1996 trägt Mansfeld den Beinamen Lutherstadt. Hier hat Martin Luther mit seinen Eltern und den acht Geschwistern seine Kindheit und Jugend verbracht. 1484 zog die Familie von Eisleben hierher. Um 1500 zählte Mansfeld weniger als 2000 Einwohner und war damit erheblich kleiner als Eisleben. Es war der zweitgrößte Ort der Grafschaft, an die bis heute das gleichnamige Schloss auf dem Burgberg erinnert. Es ist eine der imposantesten Renaissanceanlagen in Deutschland. Mit seiner Frontlänge von 175 Metern steht es für den Reichtum der Mansfelder Grafen und deren Einnahmen aus der Münzprägung, der Saigerhandelsgesellschaften und nicht zuletzt der Hütten- und Bergwerksbetriebe. Mansfeld war das Zentrum des Kupferschieferbergbaus. Die Grafschaft, ein reichsunmittelbares Territorium, war von Erbteilungen mehrfach betroffen, 1420 erstmalig, 1501 zuletzt. Zu Luthers Lebzeiten gab es die Linien Mansfeld-Vorderort, Mansfeld-Mittelort und Mansfeld-Hinterort, die zudem in stetem Streit miteinander lagen.

Vater Hans Luther arbeitete im Berg- und Hüttenwesen. Die Familie wohnte hier zunächst zur Miete in der Straße Stufenberg 2 (heute Spangenberggasse 2), bis es Hans Luther 1491 möglich war, das Bürgerrecht und ein eigenes Haus gegenüber dem Gasthaus „Goldener Ring" (heute Lutherstraße 26) zu erwerben. Hier lebte Martin mit seinen Eltern und Geschwistern, bis er als 13-Jähriger 1497 nach Magdeburg ging. Sein Vater wurde Ratsherr. Im Frühjahr 1488 besuchte Martin Luther zum ersten Mal die nahegelegene Trivialschule (heute Junghuhnstraße 2), wo er Lesen, Schreiben, Grammatik, Rhetorik, Logik, Singen und die Anfänge des Lateinischen lernte. In seinen Tischreden kritisierte Luther später die Deklinations- und Konjugationsübungen, da sie vom Lehrer auch als Strafe eingesetzt wurden und er dafür bis zu 15 Mal geschlagen wurde, weil er deklinieren und konjugieren sollte, was er noch nicht gelernt hatte. Das Gebäude der Lutherzeit wurde im Dreißigjährigen Krieg zerstört, der 1999 bis 2001 errichtete Neubau orientierte sich am alten Grundriss. Hier erinnert eine Gedenktafel an den berühmten Schüler. Im Gebäude ist die Stadtinformation untergebracht.

Lucas Cranach d. J.: Johann Georg von Mansfeld

Bis heute beherrscht den Ort die ***Stadtkirche St. Georg*** in der Lutherstraße in unmittelbarer Nachbarschaft der Schule. Hier wirkte Martin als Ministrant. Der einschiffige spätgotische Bau entstand an Stelle eines romanischen Vorgängerbaues zwischen 1497 und 1502. Der Choranbau folgte 1518. Als Martin nach Magdeburg zur höheren Schule wechselte, war der Neubau gerade begonnen worden. Doch die neue Kirche wurde ihm in späteren Jahren vertraut, wenn er seine Familie in Mansfeld besuchte. Reich und wertvoll präsentiert sich die Ausstattung heute, die vor allem aus dem 16. Jahrhundert stammt, darunter drei zwischen 1492 und 1520 entstandene Schnitzaltäre – der Hochaltar stellt die Kreuzigung Christi dar, zwei weitere Retabeln die Geburt Christi und die Krönung Mariens. 49 bemalte Tafeln mit Szenen einzig aus dem Neuen Testament schmücken die Brüstungsfelder der Empore. Fehlende oder übermalte Inschriften erschweren heute die genaue Deutung. Darüber hinaus ziehen ein ganzfiguriges Luther-Porträt von 1540, ein vorzügliches Auferstehungsgemälde von 1545 aus der Schule Lucas Cranachs d. Ä., die kunstvoll gestaltete Kanzel von 1617 sowie zahlreiche sehr qualitätvolle Grabdenkmale der Grafen von Mansfeld die Blicke auf sich. Betrachtet man die Emporenmalerei, so erscheint es interessant, die

Bilderfolge im Zusammenhang mit Cyriakus Spangenberg (1528–1604) zu untersuchen. Der Theologe, Kirchenmann und Chronist wurde 1553 zum Stadt- und Schlossprediger von Mansfeld ernannt und 1559 zum Generaldekan der Grafschaft berufen. Er war ein glühender Anhänger der Reformation und gilt unter den direkten Schülern Luthers als einer der führenden und streitbarsten Theologen zu einer Zeit, in der sich die lutherischen Territorien ausbildeten und sich im frühneuzeitlichen Prozess der Konfessionalisierung befanden. Spangenbergs religionspolitisches Wirken reichte bis in die Niederlande und nach Österreich. Eindrucksvoller ist hingegen die Schlosskirche, die als eines der bedeutendsten Bauwerke der Spätgotik zwischen Harz und Elbe gilt und im ersten Viertel des 15. Jahrhunderts als einschiffiger spätgotischer Bau errichtet wurde. Der Flügelaltar von 1529 entstammt der Werkstatt Lucas Cranach d. Ä. Von der Kanzel predigte Luther vor den Grafen. Ein kunstvolles schmiedeeisernes Gitter des 16. Jahrhunderts trennt Chor und Schiff voneinander. Vom Mansfelder Schloss der Lutherzeit sind nur Teile erhalten. Schloss Hinterort ist Ruine, von Schloss Mittelort sind Reste eines Treppenturms und Erkers erhalten und von Schloss Vorderort nur die Kellerräume. Hier residierte Luthers ständiger Gegner Graf Hoyer.

Während ein Großteil der Mitglieder der Vorderorter Linien (besonders Graf Hoyer VI.) weiterhin dem katholischen Glauben treu blieb, waren die damaligen Repräsentanten der Mittelorter und Hinterorter Linien, Gebhard VII. und sein Sohn Jobst I. sowie Albrecht VII. – nicht

Blick vom Schloss auf Mansfeld

Luthers Elternhaus und neuer Museumsbau

zuletzt wegen der engen Freundschaft zu Martin Luther – glühende Verfechter der protestantischen Lehre. Bereits 1525 führten sie in ihren Besitzungen das evangelische Bekenntnis ein. Jobst I. und Albrecht VII. gehörten 1530 auch zu den Unterzeichnern des Augsburger Bekenntnisses. Dennoch behandelten sie ihre Untertanen nicht besser oder schlechter, als es ihre katholischen Verwandten taten. Luther mahnte dies in seinen Tischreden an und kritisierte etwa Graf Albrecht auch in einem Brief, nicht ohne darauf hinzuweisen, dass er ein Mansfelder Kind sei und sein Vaterland liebe. Vor seinem Tod unternahm er drei Reisen nach Mansfeld im Oktober und Dezember 1545, zunächst mit Melanchthon und Jonas (Oktober) sowie im Januar / Februar 1546, um zwischen den zerstrittenen Grafen zu vermitteln. Doch konnten die Verhandlungen wegen der Teilnahme der Grafen Philipp und Johann Georg am Braunschweigischen Feldzug nicht geführt werden.

Lutherbrunnen

Luthers Elternhaus ist seit 2014 Museum. Im Jahr 2003 waren dort im Zuge der Stadtkernsanierung Ausgrabungen vorgenommen worden, die zahlreiche Funde zu Tage brachten, darunter einen Kochtopf, Spielzeug und Speisereste, die vom Alltag der Familie Luther kündeten. Viele der Fundstücke sind Teil des Museums, das aus dem historischen Wohnhaus und einem modernen Anbau besteht. Mit der ***Dauerausstellung „Ich bin ein Mansfeldisch Kind“*** widmet sich die Stiftung Luthergedenkstätten in Sachsen-Anhalt hier erstmals und allein der Kindheit und Jugend des Reformators.

Natürlich besitzt auch Mansfeld ein Lutherdenkmal in Gestalt des 1913 auf dem Marktplatz errichteten ***Lutherbrunnens***. Geschaffen hat ihn der Bildhauer Paul Juckoff aus Schkopau. Das Denkmal ist mit dem heiligen Georg als Drachentöter, Schutzpatron der Stadt Mansfeld, bekrönt. Darunter befinden sich die Medaillons von Hans und Margarethe Luder, gestaltet nach den berühmten Gemälden von Lucas Cranach d. Ä. Drei große Bildreliefs zeigen Luther beim Eintritt hinaus „in die Welt“, beim Thesenanschlag 1517 und vor dem Kaiser in Worms 1521. Doch lebendig wird die Lutherrezeption nicht im Museum, sondern jährlich am ersten Samstag nach Ostern, wenn in Mansfeld Luthers Einschulung nachgespielt und gefeiert wird.

Marburg

Die wohl bedeutendste Theologenversammlung der Reformationszeit fand vom 2. bis 4. Oktober 1529 im Marburger Schloss statt. Landgraf Philipp hatte dazu eingeladen, denn der Speyerer Reichstag hatte im April 1529 trotz der Protestation der evangelischen Fürsten und Städte das Wormser Edikt von 1521 erneut bestätigt. Philipp der Großmütige war jedoch auf eine starke evangelische Bündnisfront angewiesen, denn die katholische Seite wehrte sich entschieden gegen die Reformbestrebungen der Protestanten. Daher war es nötig, über die Gemeinsamkeiten und Unterschiede der Reformatoren zu diskutieren und auf eine mögliche Verständigung hinzuarbeiten. Doch vor allem Luther und Melanchthon hielten das Religionsgespräch mit Zwingli von Beginn an für aussichtslos, und auch Zwingli folgte der Einladung nach Marburg mit Skepsis. Teilnehmer an den Gesprächen waren neben Luther, Melanchthon und Zwingli Johannes Oekolampad sowie Martin Bucer, Stephan Agricola, Johannes Brenz, Andreas Osiander, Justus Jonas d. Ä., Caspar Hedio und Jakob Sturm. Auch evangelische Fürsten und Städte entsandten Vertreter zum Marburger Treffen, bei dem insbesondere Landgraf Philipp eine Spaltung der protestantischen Bewegung befürchtete. Beim Marburger Religionsgespräch trafen die führenden Reformatoren aus Sachsen, Oberdeutschland und der Schweiz zum einzigen Mal persönlich zusammen. Hauptstreitpunkt waren die unterschiedlichen Auffassungen Luthers und Zwinglis von der Rolle des Abendmahls. Während für Luther Christus beim Abendmahl real gegenwärtig war, sah Zwingli im Abendmahl eine symbolische Bekenntnishandlung der Gemeinde. Zu Beginn der Gespräche machten die Reformatoren um Zwingli bei den Glaubensfragen über die Erbsünde, die Gottheit Christi und den Heiligen Geist Zugeständnisse an die lutherische Seite. Dies ließ auf einen möglichen Erfolg hoffen. Erst dann widme-

Marburger Religionsgespräch: Diskussion zwischen Zwingli und Luther

Landgrafenschloss und Pfarrkirche St. Marien

ten sich beide Seiten dem Abendmahlsstreit. Zuvor hatte der hessische Kanzler Johann Feige in einer Rede auf die Nachteile des theologischen Zwiespaltes hingewiesen, denn hinter den theologischen Auseinandersetzungen verbarg sich vor allem ein machtpolitischer Streit. Luther versuchte seine theologischen Ziele und die Landespolitik zu trennen und lehnte den Einsatz von Waffengewalt gegen Kaiser und Papst strikt ab, während Zwingli und seine Anhänger zum bewaffneten Widerstand entschlossen waren. Erst bei der Gründung des Schmalkaldischen Bundes 1531 änderte Luther seine Meinung, nachdem das Augsburger Bekenntnis von 1530 vom Kaiser und der katholischen Reichstagsmehrheit zurückgewiesen worden war. Beim Religionsgespräch hielt Luther an seiner Auffassung fest und schrieb auf den Tisch die Worte: „Hoc est corpus meum" (Dies ist mein Leib), was er als Gottes geheimnisvolle Offenbarung erklärte. Zwingli und Oekolampad wiesen vergeblich darauf hin, dass es der Vernunft widerspreche, dass Christus einerseits im Himmel sei und andererseits während des Abendmahls an vielen Orten gleichzeitig leiblich vorhanden sein solle. Außerdem warfen sie Luther vor, dass er den Satz, den er beweisen sollte, als bewiesen voraussetzte. Am 3. Oktober lud der Landgraf alle Gesprächsteilnehmer zu einem gemeinsamen Essen im Schloss, und am nächsten Tag arbeitete Luther die mitgebrachten „Schwabacher Artikel" vom Sommer 1529 unter Zurückstellung des Abendmahls in die auf Veranlassung des Landgrafen Philipp entstandene Einigungsformel der „14 Marburger Artikel". Sie sind in die Hauptteile der Augsburgischen Konfession eingearbeitet worden. Die Abendmahlsfrage konnte am Ende nicht einhellig gelöst werden, dennoch waren die Marburger Artikel wegweisend, denn in 14 von 15 Punkten erzielten die Theologen eine Einigung. So hatten beide Seiten festgelegt, dass Jesus als Sohn Gottes durch Einwirkung des Heiligen Geistes Mensch geworden war. Diese Einigung sollte im Nachgang noch eine große geschichtliche Nachwirkung haben, denn die Reformation Württembergs im Jahre 1534 und die Wittenberger Konkordie von 1536 erfolgten auf dieser Grundlage. Dennoch blieb es bei einer konfessionellen Spaltung der evangelischen Bewegung, die bis heute in Form getrennter Kirchen lutherischen und reformierten Bekenntnisses fortbesteht. Im 19. Jahrhundert schlossen sich Lutheraner und Reformierte in einzelnen Regionen zusammen und begründeten die „unierten Kirchen".

Das ***Marburger Schloss*** liegt hoch über der Altstadt. Seine ältesten sichtbaren Gebäudeteile stammen aus dem 13. Jahrhundert. Der erste hessische Landgraf Heinrich I., Enkel der Heiligen Elisabeth, errichtete hier seine Residenz. Der im Nordtrakt gelegene und im letzten Viertel des 13. Jahrhunderts erbaute gotische Fürstensaal, Ort des Marburger Religionsgespräches, hat eine Grundfläche von rund 420 Quadratmetern und ist damit der größte profane gotische Saal Deutschlands. Im jüngsten Gebäude, dem Wilhelmsbau (Grundsteinlegung 1493), ist das Universitätsmuseum für Kulturgeschichte untergebracht.

Landgrafenschloss, Fürstensaal

Merseburg

In Leipzig erreichte Martin Luther der Wunsch des anhaltischen Fürsten Georg III., ihn in Merseburg zu besuchen und im dortigen Schloss sein Gast zu sein. Ende Juli 1545 traf Luther in Merseburg ein, wo er den Fürsten am 2. August 1545 im Dom zu Merseburg zum evangelischen Bischof des Bistums weihte. Die Wahl eines Fürsten in ein geistliches Predigeramt hatte eine große Schar von Gästen an die Saale gezogen. Zwei Tage später, am 4. August 1545, hielt Luther im Rahmen einer Hochzeit eine weitere Predigt. Die „Lutherkanzel", eine spätgotische Holzkanzel im Mittelschiff, ist bis heute erhalten. Die Stütze ist fast vollständig mit figürlichem und pflanzlichem Dekor geschmückt. Putten halten dort die Wappen des Hochstifts Merseburg und des Stifters Bischof Adolf von Anhalt. Die Reliefs des Kanzelkorbs zeigen Maria auf der Mondsichel mit dem Kinde, gesäumt von den vier Evangelisten mit ihren Allegorien. Ferner findet man den Dompatron in Gestalt des heiligen Laurentius.

Dom und Schloss von Merseburg liegen auf einer langgestreckten Hochebene am linken westlichen Hochufer der Saale am Rand der Altstadt. Die überregionale Bedeutung des Ortes reicht bis ins 10./11. Jahrhundert zurück, als ihn Heinrich I., der 919 bis 936 als erster deutscher König regierte, durch Heirat an sich ge-

Schlosshof

bracht hatte. Heinrich stiftete eine 931 geweihte Kirche, neben der er eine Pfalz errichten ließ, die Keimzelle des heutigen Schlosses. Unter seinem Sohn Otto dem Großen erfolgte nach dessen siegreicher Schlacht auf dem Lechfeld gegen die Ungarn am 10. August 955 im Jahr 968 die erste Erhebung zum Bistum, doch erst unter Heinrich II. gelang die Wiedergründung 1004. Für Heinrich II. wurde Merseburg zum herausragenden Pfalzort seiner langen Regierungszeit. 1015 konnte der bekannte sächsische Chronist Bischof Thietmar von Merseburg (975–1018) den Grundstein zum Dom legen, der 1021 in Anwesenheit Kaiser Heinrichs II. geweiht wurde. 1245 bis 1265 entstand ein erstes Schloss. Unter Bischof Thilo von Trotha (1443–1514), der als einer der bedeutendsten unter den 43 Merseburger Bischöfen gilt, entstand zwischen 1470 und 1500 das angrenzende Schloss, das Anfang des 17. Jahrhunderts unter Herzog Johann Georg I. von Sachsen durch Melchior Brenner seine charakteristische Renaissancegestalt erhielt. Im Zuge der Reformation fiel das Bistum 1561 an Kursachsen und wurde von sächsischen Herzögen als Postulierten Administratoren zumeist von Dresden aus verwaltet. Zwischen 1653/56 und 1738 allerdings residierten die Bistums-Administratoren im Merseburger Schloss, während der angrenzende Dom als Hofkirche diente. Merseburg war jetzt eine der albertinischen Sekundogenituren, und Herzog Christian I. von Sachsen-Merseburg war ihr Landesherr. Unter Christian I. erhielt der Dom seine barocke Gestalt, vom 1668 entstandenen Hochaltar, der zu den frühesten mitteldeutschen Barockaltären zählt und in seinem Mittelbild das Stifterehepaar Christian I. und dessen Frau Christiane zeigt, bis hin zur 1670 errichteten Fürstengruft und ihrer monumentalen Schauwand im

Blick auf Dom und Schloss

südlichen Querhausflügel. Spannungsreich ist der vor dem Gruftzugang aufgestellte barockisierte Taufstein aus dem 13. Jahrhundert, der den Bogen von der Geburt bis zum Tod spannt. Das zentrale Gemälde über dem Gruftzugang zeigt die Grablegung Christi durch die herzogliche Familie, während ein seifenblasender Putto über der zweiflügeligen metallenen Tür zur Gruft mit seinem „Memento mori" an die Vergänglichkeit menschlichen Lebens erinnert. Obgleich die mehrgeschossigen, typischen Emporen mitsamt dem Fürstenstand und den Domherrenlogen im 19. Jahrhundert zurückgebaut wurden, erinnert bis heute der barocke, unter Herzog Moritz Wilhelm entstandene Orgelprospekt an die glanzvolle Zeit der Merseburger Hofkirche. An der 1697 von Zacharias Theyßner geschaffenen Orgel nahm Johann Friedrich Wender 1713/16 eine grundlegende Umgestaltung vor. Bis heute zählt das Instrument, das mit der übrigen barocken Ausstattung der Herzogszeit das Erscheinungsbild des Domes bestimmt, mit seinen 81 klingenden Registern und rund 6000 Pfeifen zu den größten deutschen Orgeln. Heute ist im Schloss, im Übrigen eines der eindrucksvollsten Renaissanceschlösser Deutschlands, das Kulturhistorische Museum untergebracht.

Dom, Westfassade

Dom, Inneres, Blick nach Osten

Möhra

Kirche

In Möhra im Wartburgkreis (heute Teil der Gemeinde Moorgrund) ist die Erinnerung an Martin Luther und seine Vorfahren allgegenwärtig. Die Familie ist dort seit 1300 nachweisbar. Als Luther hier am 4. Mai 1521 – am Tag seiner „Gefangennahme" – unter freiem Himmel predigte, befand sich an der Stelle der heutigen Chorturmkirche nur eine kleine Kapelle, die erstmals 1560 erweitert wurde. Der Reformator war zu diesem Zeitpunkt auf dem Rückweg vom Wormser Reichstag und traf am 3. Mai 1521 zusammen mit den Theologen Nikolaus von Amsdorf (1483–1565) und Johannes Petzensteiner am Geburtsort des Vaters ein. Die Luthers, damals noch Luder oder Lüder geschrieben, waren großenteils erbzinspflichtige Bauern des Kurfürsten von Sachsen – freie Menschen also, deren Linien in Möhra und rundum ansässig waren. Daher wundert es nicht, dass Luther 1521 an seinen ehemaligen Lehrer Johann von Staupitz schrieb: „Ich bin zu meiner Verwandtschaft jenseits des Waldes gereist, denn sie nehmen dort fast die ganze Gegend ein". Vater Hans hatte bis 1483 zusammen mit seiner aus Eisenach stammenden Frau in Möhra gelebt. Auch er war ursprünglich Bauer gewesen, arbeitete dann jedoch im nahen Kupferschieferbergbau. Wo Martin und seine Begleiter übernachteten, ist unbekannt. Sein ***Elternhaus***, ein zweigeschossiger Bau von 1618 am heutigen Lutherplatz, trägt seit 1909 die Inschrift „Dr. Martin Luthers Stammhaus". Aus einem der Vorgängerbauten soll auch der Tisch stammen, der sich seit 1817 in der Lutherstube der Wartburg befindet. Davor findet man das ***Lutherdenkmal***. Die Pläne des 1852 bis 1861 in der Nürnberger Werkstatt des bekannten Bildhauers und Erzgießers Jakob Daniel Burgschmiet (1796–1858) entstandenen und 1861 eingeweihten Denkmals stammen vom Meininger Hofbildhauer Ferdinand Müller. Die heutige ***Kirche*** von Möhra erhielt erst in der Barockzeit zwischen 1699 und 1704 ihr Langhaus samt den charakteristischen zweigeschossigen Emporen im Inneren, deren Felder 1725 mit Blumengirlanden bemalt wurden. Die Holztonne mit ihrer gemalten Scheinarchitektur ist eine spätere Zutat und entstand erst 1793 durch Andreas Schrich. Jüngeren Datums (1907) sind die Glasfenster im Chor, wiederum Stiftungen der Nachfahren Luthers mit Darstellungen Martins sowie Philipp Melanchthons, der Aussendung der Apostel sowie Petrus und Johannes der Evangelist. Die 1883 von Herzog Georg II. von Sachsen-Meiningen anlässlich des Lutherjubiläums gestifteten Glocken wurden im Ersten Weltkrieg eingeschmolzen.

Kirche, Lutherhaus und Lutherdenkmal

Naumburg

Die Einsetzung des ersten evangelischen Bischofs führte Martin Luther am 20. Januar 1542 nach Naumburg. Hier hatte der Reformator 1521 erstmals auf dem Rückweg vom Wormser Reichstag Station gemacht und im ***Haus des Bürgermeisters am Markt 3*** übernachtet (Gedenktafel). 1542 aber gewann Kurfürst Johann Friedrich von Sachsen den Kraftakt gegen Domkapitel und Kaiser, indem er mit Nikolaus von Amsdorf den ersten evangelischen Bischof ordinieren ließ. Amsdorf war zuvor Magdeburger Stadtprediger und ein enger Freund Luthers. Seine Einsetzung bedeutete ein deutliches Zeichen für den erstarkten Protestantismus. Amsdorf wurde damit zu einer Art Gegenbischof gegen den katholischen Vertreter Julius von Pflug, der zwar vom Domkapitel gewählt war, sein Amt jedoch nicht antreten konnte und sich im Exil in Mainz befand. Die Einführung Amsdorfs erfolgte vermutlich in der Stadtkirche St. Wenzel, in der erstmals 1526 evangelisch gepredigt worden war und in der 1536 Nikolaus Medler als prägendste reformatorische Persönlichkeit Naumburgs seine Stelle als Superintendent angetreten hatte. Damit erhielt er die Aufsicht über 32 Kirchen. 1537 verfasste Medler eine Kirchen- und Schulordnung, die die Wittenberger Ordnung zum Vorbild hatte und von Luther ausdrücklich gebilligt wurde. Diese Ordnung bildete die Grundlage für Medlers reformatorische Arbeit in Naumburg. Amsdorfs Bischofseinsetzung in der ***Wenzelskirche*** stellt einen Höhepunkt der reformatorischen Bewegung dar, wenngleich er von den Katholiken nicht anerkannt wurde. Das sehr hohe Gebäude überragt in Gestalt einer dreischiffigen spätgotischen Hallenbasilika mit sehr kurzem Langhaus den Markt

Marktplatz mit Stadtkirche St. Wenzel

und die Altstadt. Seine heutige Gestalt datiert im Wesentlichen in die Zeit von 1517 bis 1523. Im ***Rathaus*** am Markt huldigten die Stände am 21. Januar 1542 dem neuen Bischof. Luther war Ehrengast. Das im Kern 1517 bis 1528 errichtete Gebäude wurde später mehrfach verändert. Die Nordostecke des Rathauses birgt ein figürliches Kapitell an einer Halbsäule, auf dem sich zwei Hunde um einen Knochen streiten. Ge-

Häuser Markt 2 und Markt 3

Markt 13

Rathaus

deutet wird die Szene als steter Machtkampf zwischen Rat und Domkapitel. Luther wohnte vom 18. bis 21. Januar 1542 wiederum in einem Haus am Markt, an dessen Nachfolgebau ***Markt 13*** heute ebenfalls eine Gedenktafel erinnert. Am 21. Januar 1542 wurde Nikolaus von Amsdorf von Luther, Melanchthon, Hans Luft und Spalatin nach Zeitz begleitet, wo er tags darauf seine Antrittspredigt in der Stiftskirche St. Peter und Paul hielt. Amsdorfs Ordination endete in letzter Konsequenz im Schmalkaldischen Krieg. Pflug folgte doch noch als katholischer Bischof, allerdings als letzter. Er starb 1564. Erst 1568 setzte sich auch in Naumburg die Reformation endgültig durch. Vielfach wird in der Literatur berichtet, dass Amsdorfs Ordination im Dom erfolgt sei, der zu dieser Zeit jedoch ein Bollwerk des Katholizismus bildete. Der ***Naumburger Dom St. Peter und Paul*** zählt wegen seiner frühgotischen Monumentalskulptur in Verbindung mit seiner spätromanischen, früh- und hochgotischen Architektur zu den bedeutendsten Kulturdenkmalen des deutschen Mittelalters. Die doppelchörige Basilika mit östlichem Querhaus wird von je einem Turmpaar beiderseits des Ost- und Westchores flankiert. Der heutige Bau wurde um 1210 unter Bischof Engelhard begonnen und vermutlich 1242 vollendet. Um 1250 scheint der so genannte Naumburger Meister an den Dom gekommen zu sein, mit dessen Namen die Bildwerke im Inneren des Chores verbunden werden. Die bekanntesten lebensgroßen Stifterbilder sind die von Ekkehard und Uta. Vom Vorgängerbau wurden bis 1242 die Fundamente und die Krypta unter dem Ostchor übernommen, die aus drei Räumen besteht. In seinem 1905 erschienenen Mitteldeutschland-Band lobte Georg Dehio die Skulpturen des Naumburger Doms als einen Gipfelpunkt deutscher Kunst.

Dom St. Peter und Paul

Neustadt an der Orla

Wer heute durch die so genannte Senke des Orlatals fährt, kommt an Neustadt an der Orla nicht vorbei. Mindestens zweimal hat Luther das heute knapp 9000 Einwohner zählende Neustadt besucht. Das erste Mal im Mai 1516, als er als Distriktvikar für zehn Thüringer Klöster verantwortlich war und das Neustädter Augustinerkloster visitierte, das zweite Mal 1524, als er an der ***Stadtkirche St. Johannes Baptista*** gegen den Radikalreformer Karlstadt predigte. Die Stadtkirche, eine dreischiffige spätgotische Hallenkirche, wurde 1470 begonnen, 1476 geweiht und 1538 vollendet. Im Zentrum des Chores steht der Hauptaltar aus der Werkstatt Lucas Cranachs d. Ä. mit seinem großen, sehr gut erhaltenen Flügelretabel. Der Altar wurde laut Rechnung 1510 auf der Leipziger Messe bei Cranach bestellt und 1512 nach Neustadt geliefert. Im Figurenschrein sind die heiligen Simon, Johannes der Täufer, der Kirchenpatron der Stadtkirche, und Thaddäus dargestellt, auf den Innenseiten der Flügel sind Tafelbilder mit der Taufe Christi und der Enthauptung Johannes des Täufers bzw. auf den Außenseiten über beide Flügel hinweg der Abschied Christi von Maria zu sehen. Die Gemälde entstanden nach Vorlagen Dürers, die Skulpturen nach Holzschnittvorlagen des Wittenberger Heiltumbuches von 1509. Der Altar ist eines der großformatigen Retabel der Cranachwerkstatt außerhalb der höfischen Auftragssphäre. Luther, mit Cranach eng befreundet, wird den aus Wittenberg mit zwei großen Leiterwagen hierher transportierten Altar bereits bei seiner ersten Visitation besichtigt haben. Am 23. August 1524 predigte er in Neustadt wie Tage zuvor in Jena und Kahla gegen die Bilderstürmerei. Am 24. August trat er Karlstadt in Orlamünde offen gegenüber. Als Wohnort Luthers in Neustadt gilt neben dem 1294 gegründeten und 1532 aufgehobenen ***Augustinerkloster*** am heutigen Puschkinplatz das ***Schweitzersche Haus***, das auch als ***Lutherhaus*** bekannt geworden ist. Der in der Rodaer Straße 12 gelegene dreigeschossige giebelständige Renaissancebau wurde um 1450 begonnen und erhielt 1467 seinen Dachstuhl. Charakteristisch ist der mittige zweigeschossige, zuletzt 1574 umgebaute Erker.

Rathaus

Stadtkirche St. Johannes Baptista

Rom

Zu Luthers Zeiten war Rom noch eine mittelalterliche Stadt, die sich vorwiegend auf die Tiberniederung konzentrierte. Weite Flächen bestanden aus Ruinenfeldern, in denen das Vieh weidete oder Gärten und Weinberge angelegt worden waren. Der antike Mauerring war für die mittelalterliche Stadt viel zu groß. In Rom regierte Papst Julius II. (1503–1513). Seit Ende des 15. Jahrhunderts erfuhr Rom eine umfangreiche städtebauliche Erneuerung, die auch die Restaurierung bestehender und die Errichtung neuer Kirchen umfasste. Während Luthers Aufenthalt wurde der Vatikanhügel erheblich umgestaltet, wobei Julius II. die alte Peterskirche vollkommen abreißen ließ und Bramante beauftragte, einen Neubau zu errichten. Michelangelo arbeitete gerade in der Sixtinischen Kapelle, und Raffael freskierte die Privatzimmer des Papstes.

Luther traf im November oder Dezember 1510 in Rom ein, wo er vier Wochen verweilte. Er begleitete einen Ordensbruder über die Alpen. Anlass zur Romreise war der Streit unter den Augustinern über die Zukunft der strengen Observanz, die dem päpstlichen Hof unter Julius II. nähergebracht werden sollte. Luther gelangte über die Schweiz, Mailand und Florenz nach Rom. Beim ersten Anblick der Stadt soll er sich mit folgenden Worten auf den Boden geworfen haben:„Sei gegrüßt, heiliges Rom! Ja wahrhaft heilig von den heiligen Märtyrern, von deren Blut sie trieft!“

Luther gelangte über die ***Piazza del Popolo*** nach Rom. Jeder Rombesucher, der vom Norden her kam, gelangte über die Via Flaminia in die Stadt, so 1786 auch Johann Wolfgang Goethe. Luther wohnte vier Wochen lang im nahegelegenen Augustinerkloster. Die dazugehörige

Porta Flaminia und Piazza del Popolo

Kirche, die ***Basilica Santa Maria del Popolo***, ist erhalten. Die Kirche entstand unter Papst Sixtus IV. della Rovere, der 1472 unmittelbar nach seiner Wahl zum Papst den bestehenden Kirchenbau abtragen und eine neue Kirche sowie das anschließende Kloster errichten ließ. Seit 1587 ist Santa Maria del Popolo eine der römischen Titelkirchen. An dem bedeutenden Stadttor, der antiken Porta Flaminia, der heutigen ***Porta del Popolo***, sollte ein neuer, bedeutender Kirchenbau entstehen, der auch als Grabstätte für den Papst und dessen Familie geplant war. Die Bedeutung der Kirche zu dieser Zeit unterstrich die Vergabe von Patronatsrechten an Kapellen und Grablegen ab 1478 an zahlreiche Persönlichkeiten der römischen Gesellschaft und des Klerus, die diese von namhaften Künstlern ausschmücken ließen. Erst 1505 hatten Bramante und Andrea Sansovino den alten Mönchschor in die Kapelle für die Kardinäle Ascanio Maria Sforza und Girolamo Basso della Rovere umgebaut. In Raumwirkung und Lichtführung gilt sie heute als Meisterwerk Bramantes. Das ***Pantheon*** beeindruckte Luther vor allem als fensterloser Bau, der seit dem sechsten Jahrhundert als Marienkirche genutzt wurde. In ***Santa Maria dell'Anima*** an der Piazza Navona war schon vor Luther die Kirche der deutsch-römischen Katholiken untergebracht. Luther war der Ansicht, dass nur hier die Liturgien feierlich zelebriert würden. Die Kirche, die für deutsche Rompilger gegründet worden war, geht auf eine private Hospizstiftung der Eheleute Johannes und Katharina Petri aus Dordrecht in Holland aus dem 14. Jahrhundert zurück. Am 13. Dezember

Kirche San Sebastiano

Kirche Santa Maria del Popolo

Porta del Popolo

Kirche Santa Maria dell'Anima

Basilika Santa Maria Maggiore

1446 wurde die Kirche geweiht. Bis ins frühe 16. Jahrhundert wuchs ihre Beliebtheit stetig. Der heutige Bau stammt indes von 1523. Vom ***Vatikan*** sah Luther weder die konstantinische Basilika des Mittelalters noch den Neubau von Sankt Peter. Den Grundstein für die neue Peterskirche hatte der Papst am 18. April 1506 gelegt, doch die Baustelle sollte 150 Jahre währen. Bei ***San Sebastiano (vor den Mauern)***, die frühchristliche Kirche an der Via Appia Antica, fielen ihm die hastigen Messen auf, die man gegen Bezahlung abhalten konnte. Hier zelebrierten, einzig durch ein Gemälde getrennt, gleichzeitig zwei Priester an einem Altar. Binnen einer Stunde würden so sieben Messen gefeiert. Luther bemerkte dazu: „Man lachte uns [Deutsche in Rom] einfach aus, weil wir so fromme

Santa Maria Maggiore, Inneres

Lateranbasilika San Giovanni

Mönche waren, und hielt einen Christen für einen ausgemachten Narren. Ich weiß, dass sie sechs oder sieben Messen hielten, bis ich eine einzige; sie nahmen Geld dafür, ich nicht."

Luther besuchte auch die ***Katakomben des Hl. Kalixtus***, an der antiken Konsularstraße Appia gelegen. ***Santa Maria Maggiore*** (auch Santa Madre d'Iddio) als wichtigste Marienkirche der Christenheit wurde im 5. Jahrhundert von Papst Liberius auf einem heidnischen Vorgängerbau errichtet. Luther sah die Kirche vor den Umbauten der Spätrenaissance gegen 1560. In der ***Lateranbasilika*** als Bischofskirche von Rom und einer der vier Papstbasiliken schritt Martin Luther die Scala Santa, die ***Heilige Treppe oder Heilige Stiege*** zur Kapelle Sancta Sanctorum hinauf. Sie stammt angeblich aus dem Palast des Pontius Pilatus und soll 326 aus Jerusalem nach Rom gelangt sein. Jesus habe diese Treppe bei seinem Prozess betreten. In Erinnerung an die Leiden Christi sollte die Treppe nur kniend begangen werden.Auch Luther rutschte sie auf Knien hinauf, wobei auf jeder Stufe ein Vaterunser gesprochen wurde. Die Treppe war ursprunglich die Zugangstreppe zum Palast des Lateran. Ende des 16. Jahrhunderts erhielt die bis dahin freistehende Treppe ihren heutigen Überbau. Seit 1723 werden die Marmorstufen mit einer Nussbaumholzverkleidung vor Abnutzungen geschützt. An der zweiten, elften und achtundzwanzigsten Stufe wurden Sichtfenster offen gelassen, durch die man angebliche Blutspuren Christi erblicken kann. Die Kirche gewährt jedem Pilger, der die Stufen auf den Knien erklimmt und auf jeder Stufe ein Vaterunser betet, einmal jährlich und zu bestimmten Feiertagen einen Generalablass. Ein Teilablass ist täglich möglich. Luthers anfängliche Begeisterung schwand später immer mehr. Im März 1539 bemerkte er in seinen Tischreden: „Rom, einstmals die heiligste Stadt, ist nun zur verdorbensten geworden. [...] Die Welt bleibt sich immer gleich: treulos, Satans Reich und Christi Feind."

Lateranbasilika San Giovanni, Innenraum

Saalfeld

Ehem. Franziskanerkloster (Stadtmuseum)

Am 13. April 1518 predigte Luther erstmals in der Saalfelder Johanneskirche, ein zweites Mal in der Karwoche 1530 – wieder an einem 13. April auf dem Weg nach Augsburg. 1530 schlossen sich in Saalfeld der Stadtpfarrer Caspar Aquila und Johann Agricola, Hofprediger der Grafen von Mansfeld, Luthers Reisegruppe an, die anderntags bis Gräfenthal gelangte. Saalfeld durchquerte Luther öfter, denn es lag an der sehr wichtigen Handelsstraße von Leipzig nach Nürnberg. Das einstige, im Norden der Stadt gelegene, um 1074 gegründete Benediktinerkloster St. Peter soll Luther anlässlich seiner beiden Reisen nach Heidelberg und Augsburg im April und Oktober 1518 besucht haben. An seiner Stelle befindet sich das zwischen 1677 und 1722 errichtete ***Saalfelder Schloss*** (heute Landratsamt). Durch das Blankenburger Tor – eines von vier Stadttoren – dürfte Luther 1518 die Kernstadt betreten haben. In ihrem Zentrum befindet sich die ab 1380 erbaute ***Stadtkirche St. Johannes***. Ihre mächtigen, weithin sichtbaren Doppeltürme prägen erst seit 1891/94 das Stadtbild. Noch vor Fertigstellung des Chores waren 1449 bis 1456 im Langhaus die Gewölbe eingezogen worden. 1489 folgte zwischen Chor und Nordturm die Veronikakapelle. Betritt man heute die Kirche, so fällt das Tympanon des Westportals zur Blankenburger Straße hin als erstes ins Auge. Es zeigt die Darstellung des Jüngsten Gerichts. Die 1985 erneuerte Außenkanzel, rechts davon an der Südwestecke, diente, von einer kurzzeitigen Nutzung als Pranger abgesehen, den Andachten für die Begräbnisse des ehedem hier befindlichen Friedhofes. Als Wahrzeichen gilt jedoch das Heringsmännchen an einer Konsole der Nordwestecke des Außenbaues. Kurz vor Luthers erster Predigt 1518 scheint die so genannte Himmelswiese an der Decke des Chores vollendet gewesen zu sein, die eine Fülle von Blumen und Pflanzen zeigt, von denen 80 bislang botanisch bestimmt werden konnten.

Stadtkirche St. Johannes

Schmalkalden

Schmalkalden war ein Brennpunkt der europäischen und deutschen Geschichte des 16. Jahrhunderts. Der Landesherr Landgraf Philipp von Hessen erkannte die Reformation der Kirche durch Martin Luther nicht nur als umwälzendes Ereignis im Reich, sondern sah die Bedeutung dieser Veränderungen für ganz Europa. Er war einer der ersten protestantischen Fürsten und Widersacher Kaiser Karls V. Nach dem Augsburger Reichstag von 1530 und der Zurückweisung und Verwerfung der „Confessio Augustana" durch Kaiser Karl V. sowie der Androhung der Reichsacht gegen die Protestanten gehörte Philipp zu den Fürsten, die die Notwendigkeit eines Schutzbündnisses aller Protestanten gegen den Kaiser erkannten. Es führte 1531 zum Vertragsschluss des „Schmalkaldischen Bundes" der protestantischen Fürsten und Stände. Zusammen mit den „Schmalkaldischen Artikel" (1537) und dem „Schmalkaldischen Krieg" (1546/47) ging der Ort am Südhang des Thüringer Waldes in die deutsche Reformationsgeschichte ein. Von 1360 an war Schmalkalden mit kurzer Unterbrechung gemeinschaftliches Eigentum der Grafen von Henneberg-Schleusingen und der Landgrafen von Hessen, seit 1583 gehörte es als Exklave ganz zu Hessen, politisch seit 1944 zu Thüringen.

Die ***Stadtkirche St. Georg*** zählt zu den schönsten Hallenkirchen Südthüringens und gehört seit 1990 wieder zur Landeskirche von Kurhessen und Waldeck. Der spätgotische Bau wurde 1437 begonnen

Markt und Stadtkirche St. Georg

und 1509 vollendet. Einzig der Südturm stammt in seinen drei Geschossen noch aus romanischer Zeit. Der Dachreiter mit seinem Spitzhelm auf dem Chor birgt die Turmuhr mit dem „Memento mori" („Gedenke des Todes!") und den zugehörigen allegorischen Figuren des Todes und einer Jungfrau. Zu jedem Stundenschlag zielt der Tod mit seiner Sense auf den Kranz der Jungfrau. Der Tod war um das Gotteshaus herum allgegenwärtig. So etwa befand sich auf der Nordseite des Chores, zwischen dem fünften und sechsten Pfeiler von der Marktseite aus, die Grabstätte der alteingesessenen Schmalkalder Familie Wilhelm. Noch immer weist ein Quader in der Kirchenmauer auf „jorg willem" samt Familienschild darunter hin. Die stilisierte Steinzange bildet das Bindeglied zum Schmalkalder Lutherhaus und zu Luthers Quartiergeber, den hessischen Rentmeister Balthasar Wilhelm, am Lutherplatz 7. Bereits 1525 wurde an St. Georg von Landgraf Philipp von Hessen der erste evangelische Pfarrer eingesetzt, wenngleich die regierenden Grafen Wilhelm und Georg Ernst von Henneberg dem neuen Glauben noch lange fern standen und auch nicht zu den Mitgliedern des Schmalkaldischen Bundes gehörten. Die Henneberger billigten ganz offenbar Philipps Vorgehen, denn die St.-Georgskirche unterstand dem gemeinsamen Kirchenlehn.

Während der Bundestagung 1537 predigten nicht weniger als 22 der 42 anwesenden Theologen an St. Georg. Täglich gab es eine Predigt. Martin Luther predigte gleich zweimal hier: am 9. und 18. Februar 1537. In seiner Predigt vom 18. Februar widmete sich der Reformator dem Sonntagsevangelium der Versuchung Christi. In der ehemaligen Paramentenkammer über der Sakristei – heute Lutherstube genannt – soll er sich damals aufgewärmt haben. Heute befindet sich hier ein kleines Kirchenmuseum. Die Kanzel selbst findet sich heute nicht mehr am alten Standort des dem Chor zugewandten Südpfeilers des Langhauses. Hier erinnert seit 1917 ein Lutherrelief an den Reformator. Akustisch scheint der Ort alles andere als ideal gewesen zu sein. So äußerte sich Luther einmal zu seiner und einer Predigt von Georg Spalatin, dass ihre beiden Stimmen ähnlich der einer Spitzmaus geklungen hätten.

Die originale Innenausstattung der Kirche, so wie sie Luther und seine Zeitgenossen erlebt hatten, fiel 1608 der bil-

Stadtkirche St. Georg, Kanzel

Stadtkirche St. Georg, Altarraum

derstürmerischen Rigorosität des reformierten hessischen Landgrafen Moritz zum Opfer. Glücklicherweise haben die Brüstungsmalereien an der dreiseitig umlaufenden Empore mit Darstellungen aus dem Leben Christi überdauert. Sie wurden 1898/99 wiederentdeckt und freigelegt. Einen besonderen Höhepunkt verspricht der Besuch der ***Türmerstube*** im Südwestturm, die seit 1996 besichtigt werden kann und aus über 40 Metern Höhe einen wunderbaren Rundblick auf Schmalkalden, den Thüringer Wald und die Rhön ermöglicht.

Das an der Westseite des Marktes gelegene ***Rathaus*** ist als dreigeschossige, traufständige Kemenate mit den charakteristischen Treppengiebeln im Kern im frühen 15. Jahrhundert entstanden. 1419 fand hier die erste Ratssitzung statt. 1472 wurde im ersten Obergeschoss die „Große Ratsstube" eingerichtet, die schon von außen durch das große Flachbogenfenster erkennbar ist. In diesem Saal tagte von 1530 bis 1543 der Schmalkaldische Bund.

Der „Schmalkaldische Bund" hatte sich in den 1530er Jahren mit zuletzt 42 Mitgliedern, eigenen Bundestagen, Bundeskasse und Bundessteuern zu einem entscheidenden Machtfaktor im Reich herangebildet. Bereits am Silvestertag des Jahres 1530 hatten Kurfürst Johann der Beständige von Sachsen und Landgraf Philipp der Großmütige von Hessen mit drei evangelischen Fürsten, den Mansfelder Grafen und zwei Reichsstädten den Plan entwickelt, ein christliches Bündnis „zur Gegenwär und Rettung gewaltigs Uberzugs" zu gründen, nachdem auf dem Augsburger Reichstag von 1530 den evangelischen Reichsständen bedeutet worden war, dass jeder Widerstand gegen das Wormser Edikt zum Reichslandfriedensbruch führen würde. Den Wurzeln des Aufruhrs der Reformation, den „verdampt Luterisch Secten", galt die Kampfansage, durch die sich die evangelischen Reichsstände zu

Rathaus am Altmarkt

Recht bedroht sahen und ihr Schutzbündnis gegen den Kaiser und dessen Anhänger am 27. Februar 1531 unter Beitritt der von Straßburg geführten oberdeutschen Städte ratifizierten. Das politische und militarische Defensivbündnis gegen die Religionspolitik des Kaisers sah gegenseitige Beistandspflicht gegen Angriffe Dritter in Glaubenssachen vor, sollte jeden Angriff gegen Glaubensfragen besonders durch Kammergerichtsmandate abwehren, nahm das Widerstandsrecht in Anspruch und lehnte die Wahl Erzherzog Ferdinands, Bruders Kaiser Karls V. zum römisch-deutschen König ab. Doch insbesondere das Widerstandsrecht stellte ein Problem dar, ließ doch Luthers Obrigkeitsauffassung vom unbedingten Gehorsam aller weltlichen Herrschaften gegenüber dem Kaiser den ernestinischen Kurfürsten lange zögern, um das vom hessischen Landgrafen beabsichtigte militärische Verteidigungsbündnis einzugehen. Erst die ernster werdende Bedrohung 1530 bewog Luther zum Einlenken. Nun nahte

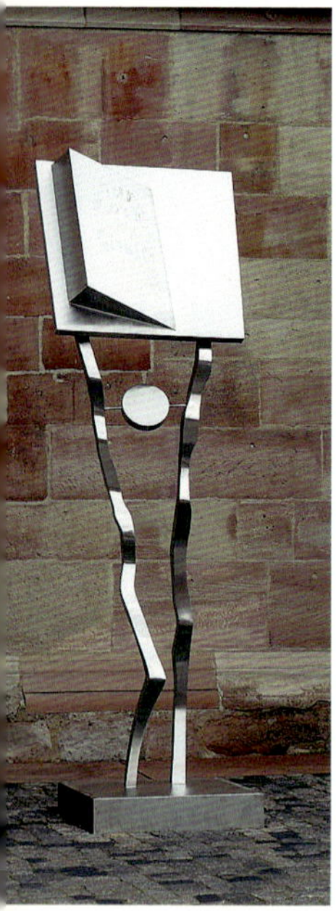

Modernes Denkmal: Schmalkaldische Artikel an der Stadtkirche

Altmarkt 9, ehem. Gasthof „Zur Güldenen Krone“

der offene Konflikt, standen sich Protestanten und Katholiken erstmals in bewaffneten Lagern gegenüber. Doch ausgerechnet die Gefahr von außen, der drohende Einfall der Türken – wie zuletzt 1529 –, zwangen den Kaiser 1532 zum „Nürnberger Anstand“ und zur Einbeziehung der evangelischen Stände zur Türkenabwehr. Damit einher gingen die Aussetzung der Ketzerprozesse am Reichskammergericht und die Duldung der Lehre Luthers auf der rechtlichen Grundlage eines zeitlich befristeten Religionsfriedens. Die Möglichkeit, über ein Jahrzehnt hinweg reichsrechtlich gesichert zu leben, diente auch der Festigung und dem Ausbau des neuen Kirchenwesens. Mitte der 1530er Jahre erhielt auch das Schmalkalder Bündnis mit der erweiterten Bundesverfassung von 1535 eine festere Organisation. Neben der Einrichtung eines eigenen, 1537 etablierten Kriegsrates und der Festlegung der Finanzierung eines Bundesheeres erfolgte 1536 die Verlängerung des Bundes um zehn Jahre. Fortan sollte neben militärischen Konfliktsituationen gegenseitige Hilfe auch bei den nicht näher definierten schwierigen Situationen der „Beschwerungen“ geleistet werden.

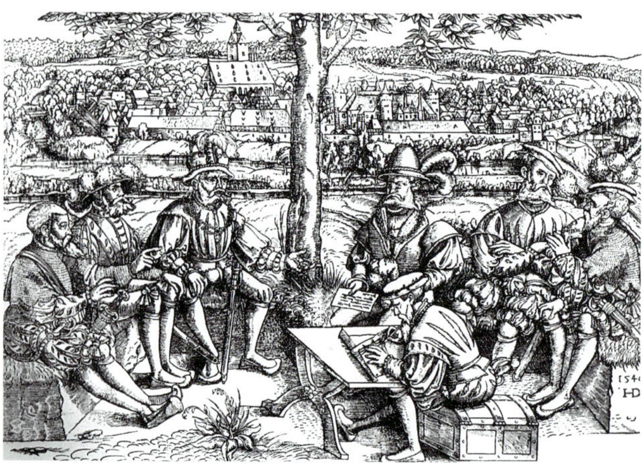

Kriegsrat Schmalkalden

Von den acht Zusammenkünften des Schmalkaldischen Bundes war die von 1537 die berühmteste. Sie fand vom 10. bis 26. Februar 1537 statt. 18 deutsche Fürsten, die Vertreter der 28 Reichs- und Hansestädte, 42 führende evangelische Theologen sowie der kaiserliche Vizekanzler Dr. Mathias Held und der päpstliche Nuntius Peter van der Vorst sowie Beobachter aus Frankreich und Dänemark nahmen daran teil. Auf der Bundestagung legte Martin Luther mit den „Schmalkaldischen Artikeln" ein Schriftstück vor, das am Ende zu einer Bekenntnisschrift der lutherischen Kirche wurde, mehr noch: zu einem persönlichen Glaubensbekenntnis Martin Luthers. Als vielleicht schönste Bekenntnisschrift der evangelisch-lutherischen Kirche markierten die Schmalkaldischen Artikel einen deutlichen Einschnitt der Reformation – weg von der Übereinstimmung mit der alten Römischen Kirche wie in Augsburg 1530, hin zu einer selbständig gewordenen Kirche. Am 11. Dezember 1536 hatte Luther von Kurfürst Johann Friedrich den Auftrag zu den Artikeln erhalten, die er mit Blick auf das für 1537 geplante Konzil von Mantua (das erst 1545 in Trient eröffnet wurde) verfasste. Aufgrund eines starken Blasenleidens konnte Luther nicht an der Versammlung teilnehmen. Zwar begrüßten die Fürsten Luthers Artikel und zeigten sich bereit, sie als neue Bekenntnisschrift anzunehmen, doch verweigerten sich auf Melanchthons Einfluss hin die Städtevertreter der Beratung der Artikel. Erst auf Johann Bugenhagens Vorschlag hin fanden Luthers Artikel die Zustimmung und Unterschrift der in Schmalkalden versammelten Theologen. In den Folgejahren sollten sie mehr und mehr an Bedeutung gewinnen, zunächst als Lehrnorm, 1580 schließlich im Rang einer Bekenntnisschrift.

Mit Philipps Zweitehe 1540 und dem eigenmächtigen Vorgehen der Bundesfürsten bei der Vertreibung Herzog Heinrichs von Braunschweig aus dessen Residenz begab sich der Schmalkaldische Bund in eine schwere Krise. Die Verzeihung des Kaisers erreichte Philipp, dem die Todesstrafe gedroht hätte, nur durch massive Zugeständnisse. Mit dem Sieg der Kaiserlichen in der Schlacht bei Mühlberg im Schmalkaldischen Krieg 1547 endete auch das evangelische Fürstenbündnis.

Rosenapotheke

An der nordöstlichen Ecke des Marktes findet man den ***ehemaligen Gasthof „Zur Güldenen Krone"*** am Altmarkt 9. Er gehörte neben dem Rathaus und dem Hessenhof zu den wichtigsten Tagungsstätten des Schmalkaldischen Bundes. Das farbig gefasste steinerne hessische Wappen von 1695 weist auf den bedeutenden Ort des alten Schmalkalden hin. Hier sowie im Haus des Vizebürgermeisters Valentin Herz in der heutigen Auer Gasse 3 sowie der Burg Wallraff tagten zeitweilig Ausschüsse.

Das Gebäude der ***Rosenapotheke*** in der Steingasse 11 scheint als Wohnort während der Schmalkaldischen Bundestage beliebt gewesen zu sein. 1537 logierten hier Hieronymus Paumgartner, Erasmus Ebner und Dr. Ketzler als Vertreter der Stadt Nürnberg und 1540 in einem in den 1970er Jahren abgerissenen Seitengebäude Philipp Melanchthon. An ihn erinnert auch eine Tafel an der Fassade zur Steingasse. Es gehört wie das Rathaus zum Bautypus der steinernen Kemenaten und entstand im Kern im 15. Jahrhundert. 1545 ließ es sein damaliger Besitzer Reinhard Olff umbauen. Die Apotheke befindet sich seit 1664 im Gebäude, das zuvor von der reitenden Post genutzt worden war.

Lutherhaus

Lutherhaus, Tafel mit Inschrift und Schwan, 1687

Von der wohl in der Mitte der Steingasse gelegenen Rosenapotheke sieht man bereits das ***Lutherhaus*** am ehemaligen Töpfenmarkt – heute Lutherplatz. Haus Nummer 7 gehörte dem hessischen Rentmeister Balthasar Wilhelm, Teil der alten Schmalkalder Bürgerfamilie. Wilhelm hatte in Erfurt Theologie studiert, später sein Amt als Priester aufgegeben und tat sich 1524/25 mit reformatorischem Schriftgut hervor. Er fühlte sich mit Luther verbunden. In dem erst um 1520 errichteten aus Vorder- und Hinterhaus bestehenden und von einem gemeinsamen Krüppelwalmdach überzogenen Fachwerkbau lebte der Reformator während des Bundestages 1537. Er bewohnte vom 7. bis 26. Februar das Eck- und das angrenzende Zimmer im zweiten Obergeschoss des drei- bzw. zum heutigen Lutherplatz hin viergeschossigen Vorderhauses. Den Aufenthalt dort dürfte Luther nie vergessen haben, so schmerzhaft hat er sich in sein Gedächtnis eingebrannt. Bereits am 9. Februar litt er an Nierenbeschwerden, die ihm täglich mehr zusetzten und es ihm unmöglich machten, an den Verhandlungen teilzunehmen. Zwei Tage später hielt er in der Diele des Wilhelm'schen Domizils eine Hausandacht, an der neben Luthers Gastgeber auch Landgraf Philipp von Hessen, Kurfürst Johann Friedrich von Sachsen, Ulrich von Württemberg, die Grafen von Henneberg, Melanchthon, Spalatin, Bugenhagen, Jonas, Bucer und Cruciger teilnahmen. Die Predigt wurde unter dem Titel „Auslegung des Glaubens / geprediget durch Doctor Martinum Lutherum / zu Schmalkalden in Rentmeister Hause: Ao 1537" bei Urban Gaubisch 1565 in Eisleben gedruckt. Die Beschwerden Luthers spitzten sich noch zu, als der Nierenstein am 17. Februar in die Blase geriet und die Harnröhre verstopfte. Die Angst vor einer Harnvergiftung konnten Luther auch die zahlreichen Leibärzte der Fürsten und der von ihm geschätzte und aus Erfurt herbeigerufene Arzt Georg Sturtz nicht nehmen. Der Wundarzt des sächsischen Kurfürsten führte ihm schließlich einen eigens angefertigten Katheter ein, um den Stein aus der Harnröhre zu stoßen. Wohl mehr einer Verzweiflungstat glich die „Medizin", die neben Mandelbrühe aus Knoblauch und, man staune nicht schlecht, Rossmist bestand. „Sie gaben mir Tränke, wie wenn ich ein großer Ochse wäre gewesen", fasste Luther später die Tortur zusammen, die ihm Brechdurchfall und Krämpfe bescherte. Luther hatte den Tod vor Augen. Erst am 26. Februar konnte er abreisen, denn er hatte nur noch den Wunsch, in Wittenberg im Kreise seiner Familie zu sterben. Doch das „Wunder von Tambach" nahm seinen Lauf – es waren aber wohl die „guten" Straßenverhältnisse, die für Bewegung sorgten und Luther – seinen Feinden zum Trotz – einmal mehr im Leben bewahrten. Zuvor aber hatte Luther noch in seiner Stube bei Rentmeister Wilhelm am 24. Februar in Anwesenheit des Kurfürsten Johann Friedrich von Sachsen die Schmalkaldischen Artikel unterzeichnet, ehe er am Mittag des 26. Februar Schmalkalden mit Dr. Sturtz, Bugenhagen, Spalatin, Schlaginhauffen und Myconius in Richtung Tambach verließ – fürsorglich auf einem Wagen des sächsischen Kurfürsten gebettet, während ein zweiter Wärmepfannen, Holzkohle und weiteres Gerät zur Krankenversorgung mitführte.

1538 ließ Hausherr Wilhelm zur Erinnerung an die denkwürdigen Ereignisse in seinem Haus acht farbige runde Glasbilder mit Inschriften an den Fenstern der eigentlichen Lutherstube anbringen. Ein Kupferstich des Jahres 1737 hielt die Szenerie fest. Nach einer Neuverteilung der Scheiben auf die Fenster des zweiten Obergeschosses gelangten sie 1880 in die Diele des Hauses, wo sie sich bis heute befinden. 1687 ließ der damalige Besitzer, Verleger Reinhard Stiefel, anlässlich des 150-jährigen Jubiläums der Tagung des Schmalkaldischen Bundes in Höhe des zweiten Obergeschosses zum Töpfenmarkt hin eine farbig gefasste Gedenktafel aus Stuck anbringen, in deren Zentrum der Schwan als Sinnbild Luthers zu sehen ist. Die Kartusche enthält in goldenen Schriftzeichen die Inschrift: „VERSAMMLUNGSHAUS DER EVANGEL. STAENDE U. THEOLOGEN BEI VERFERTIGUNG DER SCHMALKALD: ARTICUL ANNO: MDXXXVII". Nicht ganz wahrheitsgetreu stilisiert es das Wohnhaus gleich noch zum Versammlungsgebäude. Zum Dekor gehören die Petschaften Luthers und Melanchthons, barockes Rankenwerk mit Engelskopf und Fruchtgehänge sowie nicht zuletzt

Große Kemenate

auch die Hausmarke „RSS" – Reinhard Stiefel Schmalkalden. Stiefel ließ auch im Inneren Veränderungen vornehmen – etwa Stuckdecken in der Lutherstube anbringen oder eine neue prachtvoll geschnitzte Treppe aus Eichenholz einbauen. Die Stuckdekoration der Lutherstube, der Spätrenaissance verpflichtet, zeigt die reich geschmückten Wappen der Landgrafen von Hessen und die in einer Wappenkartusche vereinten Wappen Melanchthons und Luthers.

Wenngleich die ältesten profanen Fresken Mitteleuropas von der Iwein-Sage Hartmann von Aues (um 1225) im Keller des ***Hessenhofs*** am Neumarkt 5 heute den Blicken der Öffentlichkeit entzogen sind (eine Nachbildung befindet sich auf der Wilhelmsburg), so war der an der Westseite des Neumarktes gelegene Bau vor allem 1537 ein weiterer wichtiger Ver-

Große Kemenate, Detail

sammlungsort des Bundestages. Entstanden ist er wohl um 1220/30 als Hof der Thüringer Landgrafen, wurde 1246 als „hospicium domini regis" bezeichnet und diente unter der hessisch-hennebergischen Doppelherrschaft ab 1360 als Verwaltungssitz der Landgrafen von Hessen. 1537 berieten die Theologen hier über Luthers Schmalkaldische Artikel ebenso wie über Melanchthons „Tractus de potestate papae" (Von der Gewalt des Papstes). Während eine deutliche Mehrheit für die Schmalkaldischen Artikel votierte, geschah die Unterzeichnung von Melanchthons Traktat einstimmig. Bereits 1551 bis 1553 wurde das Innere völlig umgestaltet – als Witwensitz für die Schwester des Landgrafen Philipp Elisabeth von Rochlitz.

Nur wenige Schritte entfernt in der Weidebrunner Gasse 26/28 findet man die 1368 entstandene viergeschossige ***Große Kemenate***. Hier lag 1537 das Quartier des päpstlichen Legaten, der wohl am 26. Februar mit dem nahen Tode Luthers rechnete. Wie sehr wird sich Peter van der Vorst, Bischof von Acqui, wohl geärgert haben, als ein Bote vor seinem Quartier laut ausrief „Lutherus vivit!" (Luther lebt!). Kurfürst Johann Friedrich soll den Boten mit zehn silbernen Doppelschaugroschen belohnt haben! Und van der Vorsts Aufenthalt stand auch sonst unter keinem guten Stern, denn die Stimmung gegen Papst Paul III. war derart gereizt, dass der Legat weder von Landgraf Philipp von Hessen noch von Kurfürst Johann Friedrich empfangen wurde.

Zu Martin Luthers Zeiten prägte noch die wohl Ende des 11./Anfang des 12. Jahrhunderts entstandene und teilweise durch einen doppelten Mauerring gesicherte Burg Wallraff, eine Gründung der Thüringer Landgrafen, die östliche Stadtsilhouette am Westhang des Höhenzugs über Schmalkalden. Zwischen Burg und Stadt war nach 1319 auf Geheiß des Grafen Berthold VII. von Henneberg-Schleusingen das Kollegiatstift St. Egidii und Erhardi entstanden. Beides – Burg und das nach der Reformation 1545 aufgelassene Stift – musste 1584 dem Neubau von ***Schloss Wilhelmsburg*** weichen, zu dem am 9. März 1585 der Grundstein gelegt wurde. Die nach ihrem Bauherrn, Landgraf Wilhelm IV. von Hessen-Kassel – neue Linie –, benannte Anlage erhielt auch eine Schlosskapelle, die ganz auf Luthers 1544 geweihtes Torgauer Vorbild einer evangelischen Predigtkirche Bezug nahm und heute die älteste erhaltene in Thüringen ist. 1590 wurde sie geweiht. Ihr Bauherr, der wegen seiner universellen Bildung auch „der Weise" genannt wurde, war der älteste Sohn Philipps des Großmütigen und galt als baufreudig. Darüber hinaus förderte er, selbst ein bedeutender Astronom seiner Zeit, die Naturwissenschaften und ließ in Kassel die erste Sternwarte Mitteleuropas einrichten sowie mit modernsten Instrumenten ausstatten. Mit der nach ihm benannten Wilhelmsburg schuf Landgraf Wilhelm mit Blick auf den Zusammenklang von Renaissancearchitektur und Malerei etwas Besonderes, da es kaum Beispielhafteres aus dieser Zeit in Deutschland gibt. Vor allem die Kapelle zählt zu den besten Zeugnissen des in Deutschland nur schwach vertretenen Renaissance-Kirchenbaues. Dabei nimmt die Kanzel als Sinnbild des evangelischen Predigtgottesdienstes eine zentrale Stellung ein. In ihrer Anordnung über dem Altar fand die Kombination der Prinzipalstücke Altar – Kanzel (– Orgel) vielfache Anwendung und erlebte im 18. Jahrhundert ihre größte Blüte. Der rechteckige Innenraum besitzt dreiseitig umlaufende Arkadenloggien und zwei Emporengeschosse. Anders als in Torgau, wo die umlaufenden Galerien den Raum als einheitlichen Versammlungsraum umziehen, stellen die Schmalkalder Emporen innerhalb der Kapelle noch eigenwertige Räume dar. Die Besonderheit der Schlosskapelle der Wilhelmsburg

liegt in ihrer inneren Ausgestaltung. Äußerlich ist sie allein durch den Schlosskirchenturm in der Südwestecke erkennbar, der noch aus der Zeit der mittelalterlichen Burg Wallraff stammt. Ähnlich dem Torgauer Vorbild wird der Altar mit eingelassenem Taufbecken von den Emblemen der vier Evangelisten getragen. Die Orgel schließlich, die der Göttinger Orgelbauer Daniel Meyer 1587 bis 1589 schuf, ist die älteste in Thüringen und zugleich eines der bedeutendsten Instrumente der Orgelbaukunst der Renaissance. Die unter dem Einfluss des Kasseler Hofbildhauers Wilhelm Vernuken († 1607) geschaffene und von Georg Cornet farbig gefasste plastisch-malerische Dekoration des Gotteshauses mit Rollwerkformen und Rollwerkkartuschen sowie die beinahe vollplastischen Darstellungen der Zwölf Apostel in den Bogenzwickeln ließen die Schmalkalder Schlosskirche zu einer der großartigsten Raumschöpfungen der deutschen Renaissance werden. Am 10. Mai 1992 wurde die in den letzten Jahrzehnten mehr als Konzert- und Museumsraum genutzte Schlosskirche wieder in gottesdienstlichen Gebrauch genommen.

Schloss Wilhelmsburg

Sonneberg-Judenbach

„Lutherhaus"

„Lutherhaus", Inneres um 1920

Das an der alten Handelsstraße Leipzig-Nürnberg gelegene Straßendorf Judenbach hat der Reformator wohl mehrfach passiert und in einem dem heutigen „Lutherhaus" ähnlichen Gebäude 1518 nachweislich Station gemacht. Martin Luther war im April 1518 mit dem Ordensbruder Leonhard Beier nach Heidelberg unterwegs, als beide, von Saalfeld kommend, am 14. Oktober in dem auf dem Pass des Thüringer Waldes gelegenen Schrothaus anlangten und dort übernachteten. Luther und Beier trafen in dem als Gasthaus genutzten Bau auf den kurfürstlichen Rat Degenhard Pfeffinger, der den beiden zehn Groschen als Wegzehrung mitgab, die ihnen, so die Überlieferung, zuvor ausgegangen war. Das vermeintliche Lutherhaus gelangte 1874 durch den Sonneberger Kaufmann Kommerzienrat Adolf Fleischmann (1819–1895) an den Sonneberger Schönberg. In Judenbach hatte der Abriss gedroht, nun diente es als Ausflugsgaststätte, und dies bis heute. Ein Wermutstropfen bleibt: Neuesten Untersuchungen zufolge entstand das „Lutherhaus" erst zwischen 1552 und 1555 – zu jung, um Luther wirklich als Quartier gedient zu haben.

Speyer

Mit einhundert Metern ist der Turm der 1893 bis 1904 errichteten Gedächtniskirche in Speyer der höchste Kirchturm westlich des Rheins zwischen Köln und Straßburg und in der gesamten Pfalz. Gleich einer Speerspitze erinnert er mitsamt der Kirche an die Speyerer Protestation von 1529 als eines der zentralen Ereignisse der Reformation. An diesem Reichstag nahmen 29 Fürsten, zwölf Herzöge und Pfalzgrafen, dazu noch viele Prälaten, Reichsgrafen, Freiherren und Botschafter verhinderter Fürsten teil. Fast alle Reichsstädte hatten Gesandte geschickt. Es herrschte eine gespannte Atmosphäre. An der Spitze der evangelischen Fürsten stand Kurfürst Johann von Sachsen, der als theologischen Berater Philipp Melanchthon mitgebracht hatte. Der Kurfürst hatte es nicht gewagt, den geächteten Luther in die Stadt zu bringen. Tatsächlich war Martin Luther, der dieser Stadt so viel verdankt, nie in ihren Mauern gewesen! Die zweite wichtige protestantische Persönlichkeit war Landgraf Philipp von Hessen. Die evangelischen Vertreter aus sechs Fürsten und vierzehn Reichsstädten hatten am 19. April 1529 dagegen protestiert, dass Glaubens- und Gewissensfragen durch Mehrheitsbeschluss entschieden werden können. In einer Protestnote wandten sie sich gegen die Aufhebung von Toleranzbeschlüssen des Reichstags gegenüber der evangelischen Minderheit, gegen die 1521 durch das Wormser Edikt verhängte Reichsacht über Martin Luther sowie gegen die Ächtung seiner Schriften und seiner Lehre. Damit verhalfen sie der Reformation und der Bildung der evangelischen Kirchen zum Durchbruch. Die Beschlüsse des Speyerer Reichstags von 1526 hatten den Ländern des Reiches, in denen sich die Reformation durchgesetzt hatte, Rechtssicherheit zugesagt. Auch war die Ausführung des Wormser Edikts den Reichsständen überlassen worden. Jeder Fürst sollte es mit der Religion so halten, wie er es vor Kaiser und Gott verantworten könne. Kaiser Karl V., der sich durch seinen Bruder König Ferdinand vertreten ließ, und die katholischen Fürsten versuchten jedoch, die Reformation in den evangelischen Ländern und Städten zu stoppen und rückgängig zu machen. Die Toleranzbeschlüsse des Speyerer Reichstags von 1526, die die Duldung der Evangelischen vorsahen, sollten aufgehoben werden. Auch sollten die katholischen Gebiete weiterhin katholisch bleiben. In seiner Eröffnungsrede gab Ferdinand den Beschluss des Kaisers bekannt, den Reichstagsab-

Gedächtniskirche der Protestation

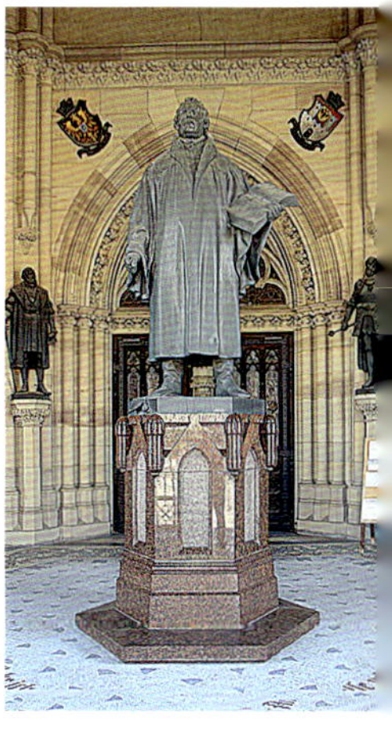

Gedächtniskirche, Lutherdenkmal in der Gedächtnishalle

schied von 1526 aufzuheben, indem er jeder „Verführung zu unrechtem Glauben" erneut die Reichsacht androhte. Bis zur Klärung auf einem noch einzuberufenden Konzil sollten alle Neuerungen untersagt bleiben. Dennoch ließ Karl V. das Verbot einschränken: In den Ländern, die vom Wormser Edikt abgewichen waren, „soll man doch keine Neuerung machen und niemand verwehren, Messen zu halten." Die katholische Mehrheit folgte Karls Vorschlag. Am 20. April 1529 protestierten die evangelischen Fürsten um Kurfürst Johann von Sachsen, Markgraf Georg von Brandenburg, Herzog Ernst von Braunschweig-Lüneburg, Landgraf Philipp von Hessen und Fürst Wolfgang von Anhalt-Köthen und bezeugten „hiermit offen vor Gott […], daß wir für uns, die Unsrigen und aller männiglich halben in alle Handlung und vermeinten Abschied nicht gehelen noch billigen, sondern aus vorgesetzten und anderen redlichen gegründeten Ursachen für nichtig und unbündig halten." Das Besondere am Reichstag von 1529 war, dass sich Fürsten und Freie Reichsstädte öffentlich gegenüber der katholischen Reichstagsmehrheit zu ihrem evangelischen Glauben bekannten. „In Sachen Gottes Ehre und der Seligkeit belangend muss ein jeglicher [Reichsstand] für sich selber vor Gott stehen und Rechenschaft geben", for-

Kaiser- und Mariendom

mulierten die Protestierenden am 20. April 1529 in einer Protestnote. Am 25. April trafen sich die Räte der evangelischen Fürsten und die Bevollmächtigten der 14 evangelischen Städte erneut und verfassten ein „Instrumentum Appellationis", in dem die Beschwerden gegen den Reichsabschied noch einmal zusammengefasst wurden. Dieses Schreiben wurde dem Kaiser durch eine Gesandtschaft überbracht. In der Folge setzte sich in Deutschland und in anderen Ländern das Prinzip der Glaubens- und Religionsfreiheit allmählich durch. Tatsächlich war die Protestation identitätsstiftend für die evangelische Kirche, die 1530 in Augsburg ihr Glaubensprogramm formulierte. Das Aufbegehren der evangelischen Fürsten und Städte gegen Zwang in Glaubensdingen führte zur Ausbildung einer zweiten christlichen Konfession, bei der die Fürsten zu geistlichen Oberhäuptern ihrer Kirchen wurden: 1555 habe der „Augsburger Religionsfriede" (cuius regio – eius religio) demnach festgelegt, dass jeder Landesherr über den Glauben in seinem Herrschaftsbereich selbst entscheiden könne. Im deutschen Protestantismus hat sich daraufhin die bis heute gültige landeskirchliche Struktur herausgebildet.

Die Stadt Speyer schloss sich der Protestation nicht an, ebenso wenig unterzeichnete sie 1530 das Augsburgische Bekenntnis noch trat sie 1531 dem Schmalkaldischen Bund zur Verteidigung der evangelischen Sache bei. Dessen ungeachtet waren Luthers Heiligen- und Religionslehre bereits in den 20er Jahren des 16. Jahrhunderts auch in Speyer von Kanzel und Katheder zu hören. Im Reichstagsjahr 1529 fand die Speyerer Bürgerschaft mit dem Pfarrer von St. Ägidien, Anton Eberhard, und dem Augustinerprior Michael Diller zwei Persönlichkeiten, die nicht nur evangelisch predigten, sondern auch vom Magistrat als Prediger anerkannt wurden.

Dreifaltigkeitskirche

Altpörtel

Stotternheim

Ein schlichter, auf einer kleinen Anhöhe gelegener Gedenkstein erinnert seit 1917 an Martin Luthers Gewitter-Erlebnis, den entscheidenden Wendepunkt seines Lebens. Der rötliche, unbehauene Granitblock trägt auf seiner Vorderseite die bekannte Inschrift „Hilf Du Sankt Anna ich will ein Mönch werden" und an der linken Schmalseite das Datum „2. Juli 1505", auf der rechten Schmalseite „Ex Thuringia lux" (Das Licht aus Thüringen) und auf der Rückseite „Geweihte Erde – Wendepunkt der Reformation – In einem Blitz vom Himmel wurde dem jungen Luther hier der Weg gewiesen". Viele Theologen und Historiker rätselten bereits über den Entschluss Luthers, Mönch zu werden – lag er vorher bereits vor? Was waren die Gründe dafür? Ein mögliches Heiratsprojekt des Vaters, der deshalb den Sohn nach Hause bat? Oder Martins Sündenfurcht und die Angst vor dem jüngsten Gericht? Vermutlich lag dem Besuch Luthers bei seinen Eltern ein konkreter Anlass zu Grunde, denn er fand mitten im Semester statt. Und womöglich schwelte ein Konflikt der Lebensentwürfe der Eltern und der Martins, der zwar nicht zuhause in Mansfeld, doch am Ende durch das Gewitter-Erlebnis bei Stotternheim zu Tage trat und zur bekannten Entscheidung führte.

Lutherstein

Tambach-Dietharz

Von rund 4000 Hektar Wald umgeben liegt der seit 1919 zusammengeschlossene, seit weit über 100 Jahren beliebte Erholungsort Tambach-Dietharz in einer der waldreichsten Gegenden Deutschlands. In der langen Geschichte beider im 13. Jahrhundert erstmals urkundlich erwähnten Orte, ist vor allem Tambach oft von Krieg, Pest und Feuer heimgesucht worden.

Luthers Aufenthalt in Tambach am 26. Februar 1537 hing mit dem dortigen Geleitshof zusammen. Gegen Mittag war die Reisegesellschaft in Schmalkalden aufgebrochen. Die Reiseroute führte über Floh und Schnellbach zum Rennsteig, am Grenzstein Nr. 57 unweit der Diebsbuche und der „Neuen Ausspanne" vorbei über den Schmalkalder Steig nach Tambach. Bereits auf dem Hinweg hatte Luther Probleme mit seinen Nierensteinen, die ihn in Schmalkalden und auch auf dem Heimweg derart plagten, dass er sich dem Tode nahe fühlte. Die Torturen, denen Luther durch den schlecht gefederten Wagen und die schlechten Straßenverhältnisse ausgeliefert war, scheinen nahezu unbeschreiblich gewesen zu sein. In Tambach soll Luther aus dem „Dambachsborn", dem heutigen „Lutherbrunnen" getrunken haben. Im kurfürstlich-sächsischen Geleitshof von Tambach machte der Tross Station. Das Gebäude, an das seit 1996 eine Stele erinnert, existiert nicht mehr. Luther hielt dort nach seiner Ankunft eine Andacht über den 23. Psalm, bis sich seine Schmerzen derart steigerten, dass er ausrief: „Ach, daß doch ein Türke da wäre und mich schlachtete, ich stürbe ja gerne, wenn nur nicht des Teufels Legat in Schmalkalden wäre und in alle Welt ausschriee, ich habe vor großer Furcht sterben müssen!" Die sorgsam gehüteten Rechnungen des Aufenthaltes verweisen auf „2 ½ Groschen für 2 Faß zue laugen und fussbadt", das Luther Linderung verschafft haben soll. Tatsächlich ging ihm in der Nacht zum 27. Februar zwischen 1 und 2 Uhr ein Stein ab, so dass er knapp vier Liter (!) Wasser lassen konnte. Einem nach zwei Uhr früh an Melanchthon verfassten Brief zufolge soll Luther große Freude empfunden haben, die Menge zu zählen, und er schrieb von elf Kannen, die er gefüllt habe. Die Genesung glich für Luther selbst einem Wunder.

Lutherbrunnen

Gedenkstein von 1996

Torgau

Die Beinamen Wittenbergs als „die Mutter“ und Torgaus als „die Amme der Reformation“ unterstreichen die Bedeutung der beiden Schwesternstädte. Torgau gilt als bedeutendste Lutherstätte Sachsens. Martin Luther hielt sich über 40 Mal hier auf, erstmals 1521 und erneut im Rahmen einer Predigtreise am 6. Mai 1522. Schon damals gehörte Torgau neben Wittenberg, Borna, Altenburg und Zwickau zu den wichtigsten Zentren der Reformation in Kursachsen. 1526 schlossen sich hier die evangelischen Fürsten zur Verteidigung der Glaubensfreiheit zum Torgauer Bund zusammen. Martin Luther, Johannes Bugenhagen, Justus Jonas und Philipp Melanchthon erarbeiteten 1530 die Torgauer Artikel als Grundlage der Augsburger Konfession. So entwickelte sich Torgau zum politischen Zentrum der Reformation. „Torgaus Bauten übertreffen an Schönheit alle aus der Antike. Selbst Salomo hat nirgends einen so schönen Tempel gebaut, als Torgau“, urteilte Martin Luther über die Stadt. Wie Recht er damit hatte, zeigt das großformatige prominente Gemälde ***„Hofjagd zu Ehren Kaiser Karls V. vor Schloss Hartenfels in Torgau“*** von Lucas Cranach d. Ä. aus dem Jahr 1544. Es befindet sich heute im Prado von Madrid. Das Schloss, im 16. Jahrhundert Hauptresidenz der sächsischen Kurfürsten und heute einer der bedeutendsten Bauten der sächsischen Renaissance, ist hier mit der Fassade des Johann-Friedrich-Baues sehr detailreich wiedergegeben. Es erscheint mit seinen Fassaden leuchtend weiß sowie mit Erkern und Gauben in einem warmen Sandsteinfarbton vor blauem Hintergrund. Mit Friedrich dem Weisen, Johann dem Beständigen und Johann Friedrich dem Großmütigen entwickelte sich Torgau zum politischen Zentrum der deutschen Reformation und zur Wiege der evangelischen Kirchenmusik. Johann Walter, der Urkantor, gründete hier die erste Kantorei.

Hofjagd zu Ehren Kaiser Karls V. vor Schloss Hartenfels in Torgau, 1544

Die Burganlage, aus der ***Schloss Hartenfels*** hervorging, wurde erstmals 973 erwähnt, als Kaiser Otto II. dem Erzbistum Magdeburg Honig- und Handelszehnten im Ort Turguo verliehen hatte. Kaiser Karl V. nannte sie bei seinem Einzug 1547 ‚eine recht kaiserliche Burg‘, die den Kurfürsten auf dem Weg von Dresden nach Leipzig oder umgekehrt als häufiger Aufenthaltsort diente. Sie entstand seit 1470 unter Herzog Albrecht und Kurfürst Ernst als unregelmäßiger Vierflügelbau. Arnold von Westfalen, Conrad Pflüger und Konrad Krebs waren als Baumeister an der Neugestaltung beteiligt. Ab 1485 residierten hier die Ernestiner. Nach der Schlacht bei Mühlberg gingen Stadt und Schloss 1547 an die Albertiner über, und Torgau blieb eine der wichtigsten Residenzen bis weit ins 17. Jahrhundert hinein. Der 1533 bis 1538 errichtete Johann-Friedrich-Bau mit dem markanten ***Großen Wendelstein*** von 1536 und der Kapellenflügel mit dem ***Schönen Erker*** von 1544 sind Hauptleistungen der Frührenaissance in Deutschland. Wie eine Spindel schwingt sich die

Blick auf Schloss Hartenfels

elegante Treppe über zwei Stockwerke nach oben. Am oberen Portal erwartet den Besucher die erste plastische Darstellung Luthers in einem Medaillon. Den neuen Gebäudeteil des Johann-Friedrich-Baues hat Cranach d. Ä. nicht von ungefähr in seinem eingangs erwähnten Gemälde verewigt! Er geht auf Kurfürst Johann Friedrich, Führer des Schmalkaldischen Bundes und mit Landgraf Philipp von Hessen einem der mächtigsten protestantischen Herrscher des Reiches, zurück. Sein Inneres barg die Hauptrepräsentationsräume des Schlosses. Mit dem Bau wollte der Kurfürst auch ein politisches Zeichen setzen und die prachtvolle Architektur nutzen, um alles bisher Bekannte zu übertreffen. Insofern hatte die Platzierung des Schlossbaues im Bildhintergrund mehr als dekorativen Charakter! Das geistliche Zentrum des Schlosses bildete die ***Schlosskirche*** im Kapellenflügel. Sie gilt als erster protestantischer Kirchenneubau und wurde am 5. Oktober 1544 von Martin Luther durch seine Predigt geweiht. Der Wandpfeilersaal mit Netzrippengewölbe und zwei Emporengeschossen blieb nahezu unverändert. Das heute weitgehend schmucklose Innere zierten ursprünglich acht gemalte und eingefasste Tafeln Lucas Cranachs d. Ä.

Schloss Hartenfels, Großes sächsisches Wappen über dem Portal des Schlosses

Schloss Hartenfels, Schlosskirche

mit Darstellungen der biblischen Geschichte, wie Inventarien des Jahres 1563 belegen. Das gegenüber der Kanzel situierte Gemälde mit einer Darstellung der Auseinandersetzung des Propheten Elia mit den Baals-Priestern (1 Kön 18) von Lucas Cranach d. J. ist erhalten, befindet sich heute aber in Dresden.

Die Torgauer Schlosskirche wurde zum Vorbild des protestantischen Kirchenbaues. „Zuallererst für Gott ist dieser Bau aus reiner Liebe hier errichtet worden, der alle Kirchen an Bedeutung zu übertreffen vermag, und in der Tat bis heute sogar alle, die es auf der ganzen Welt gibt" erinnert die 2,37 Meter mal 1,72 Meter große Dedikationstafel an die Einweihung der Schlosskirche. Sie gilt als ein Hauptwerk der sächsischen Bronzegießerkunst, das in der Freiberger Werkstatt der Gebrüder Hillger gefertigt wurde. Die Tafel preist die Weihe der Kapelle durch Martin Luther und die Rolle des Kurfürsten Johann Friedrich als Beschützer der Reformation. Für ihn scheint der Weiheakt von besonderer Bedeutung hinsichtlich der Manifestation seiner führenden Stellung unter den protestantischen Landesherren gewesen zu sein.

Luther hat oft in Torgau gepredigt, darunter am 3. und 4. August 1531, am 16. und 17. April 1533, am 27. Februar 1536 anlässlich der Hochzeit Herzog Philipps I. von Pommern-Wolgast mit Johann Friedrichs Schwester Maria und am 1. und 2. Oktober 1536. An die fürstliche Hochzeit erinnert bis heute der Croy-Teppich, seit Beginn des Jahres 2014 Teil des national wertvollen Kulturgutes Deutschlands, identitätsstiftend für die Universität Greifswald, in deren Besitz er 1681 gelangte, für Vorpommern und für Deutschland gleichermaßen. Das 4,46 Meter hohe und 6,90 Meter breite, monumentale Kunstwerk, heute als Leihgabe im Pommerschen Landesmuseum Greifswald, vereint 20 Prinzessinnen und Prinzen der Häuser Pommern und Sachsen mit Martin Luther im Zentrum. Herzog Philipp I. hat den Teppich 1554 in einer Zeit erbitterter Kämpfe um den ‚wahren Glauben' als Bekenntnis des pommerschen Herzogshauses zum Protestantismus in Auftrag gegeben. Der niederländische Bildwirker Peter Heymanns hat ihn bis 1556 aus Leine, Wolle, Seide und Metallfäden geschaffen, vermutlich gar in einer Torgauer Werkstatt und möglicherweise nach einem Entwurf Lucas Cranachs d. J. Aus dem Besitz der von Croy gelangte er an die Universität.

Schloss Hartenfels (Elbseite)

In der eindrucksvollen gotischen ***Stadtkirche St. Marien*** hat Luther häufig gepredigt. Der romanische, 1119 erstmals erwähnte Bau entstand 1390 bis gegen 1450 als dreischiffige Hallenkirche. Von der ursprünglichen Ausstattung ist wenig erhalten, denn mit der Einführung der Reformation in Torgau 1525 wurden die mehr als 16 Altäre bis auf wenige abgebrochen, die Messgewänder und der reiche Kirchenschatz weitestgehend veräußert. Erhalten blieb das kostbare Werk der „Vierzehn Nothelfer" (1507) von Lucas Cranach d. Ä. Es geht auf einen 1505 geschaffenen Altar für Anna und die 14 Nothelfer zurück, der einstmals „vor dem Chor aufgerichtet" und von Kurfürst Friedrich dem Weisen und seinem Bruder, Herzog Johann, zur Erinnerung an dessen 1503 verstorbene Ehefrau Sophie von Mecklenburg gestiftet wurde. Die 14 Nothelfer stehen dicht gedrängt als Halbfiguren. Ihre Attribute verstärken das Gefühl von Fülle, was Cranach nicht daran gehindert hat, jeder Person eine ausdrucksstarke Physiognomie zu verleihen. Die dunklen, warmen Töne geben dem Bild einen einheitlichen Farbklang. Die Zahl 14 versuchte Luther in der Folgezeit geschickt umzudeuten. Als Kurfürst Friedrich der Weise 1519 todkrank danieder lag, schrieb Luther ihm „vierzehn Trostgedanken für Mühselige und Beladene" auf und sagte in seiner Widmung, er habe die Einteilung in vierzehn Kapitel gewählt, weil die evangelischen Trostgedanken an die Stelle der Vierzehn Heiligen treten sollen, „die unser Aberglaube zu Vertreibern aller Übel gemacht und angerufen hat". Das Gemälde befindet sich heute im Südchor der dreischiffigen spätgotischen Hallenkirche, die nach 1390 an den romanischen Westbau angebaut wurde. Die Wölbung des fünfjochigen Langhauses erfolgte erst nach 1479 mit Kreuzrippengewölben, der nach 1390 errichtete Chor erhielt erst Anfang des 16. Jahrhunderts Zellengewölbe mit Rippen im Netzmuster. Die Westseite des Langhauses bestimmt eine steinerne Empore auf achteckigen Pfeilern. Die Kirche birgt zudem das Grab von Katharina von Bora, die am 20. Dezember 1552 in Torgau verstorben war. Durch Beschluss des Rates der Stadt wurde sie unter großer öffentlicher Anteilnahme in der Stadtkirche beigesetzt. Den bis heute erhaltenen Grabstein stifteten ihre Kinder. Das Epitaph ist mit Lutherrose, Wappen und Bildnis der Verstorbenen geschmückt. Die Umschrift lautet: „Anno 1552 den 20. Decembr., ist in Gott Selig entschlaffen allhier zu Torgau Herrn D. Martini Luthers seligen Hinterlassene wittbe Katharina". Heute bestimmen der barocke Hochalter aus den 1690er Jahren von Giovanni Simonetti, dazu die Renaissancekanzel von Georg Wittenberger (1582) und der barocke Taufstein von Nicolaus Meyer (1692/93) das Erscheinungsbild.

Stadtkirche St. Marien

Die Stadtkirche St. Marien ist eng mit dem Namen Johann Walters (1496–1570) verbunden. Der aus Kahla stammende enge Freund Luthers wirkte 1525 maßgeblich bei der Gestaltung der „Deutschen Messe" mit. Von 1526 bis 1548 leitete Walter die Torgauer Stadtkantorei, lehrte von 1529 bis 1548 an der Lateinschule und trug wesentlich zur kulturellen Blüte und Bedeutung der kursächsischen Residenzstadt bei. Als lutherischer

„Ur-Kantor" schuf er die Grundlagen der evangelischen Kirchenmusik. 1548 wurde er als Hofkapellmeister nach Dresden berufen, um die dortige Hofkantorei zu leiten. Nach seiner Pensionierung kehrte er 1554 nach Torgau zurück, wo er 1570 starb. Die von Johann Walter gebildete Torgauer Stadtkantorei wurde zum Vorbild des lutherischen Kantoreiwesens.
Südlich der Tumfront von St. Marien liegt das Gebäude der Superintendentur (Wintergrüne 2 / Ecke Pfarrstraße), an dessen Fassade eine 1883 vom Bürgerverein gewidmete Tafel an die im März 1530 erfolgte Abfassung der Torgauer Artikel als Grundlage des Augsburger Bekenntnisses durch Martin Luther, Philipp Melanchthon, Justus Jonas und Johannes Bugenhagen erinnert. Das Gebäude diente meistenteils als Luthers Unterkunft in Torgau. Hier lebte Gabriel Zwilling (Didymus) als erster Superintendent der Stadt. Der Wittenberger Augustiner Didymus war bereits 1523 als evangelischer Prediger berufen worden.
Erhalten ist bis heute auch das ***Sterbehaus der Katharina von Bora*** in der Katharinenstraße 11. Katharina war 1552 mit ihren Kindern vor einer Pestepidemie aus Wittenberg geflohen. Unterwegs brach der Wagen, wobei sie zu Fall kam und sich eine Lähmung zuzog. Darauf folgte ein dreiwöchiges Krankenlager. In Torgau erlebte Katharina noch die Verlobung ihres Sohnes Paul mit der Patriziertochter Anna von Warbeck sowie den 18. Geburtstag ihrer jüngsten Tochter Margarethe, bis sie am 20. Dezember 1552 verstarb. Das dreigeschossige Haus „Im Sack" war erst 1542 entstanden. An der Fassade verweist eine Metalltafel auf den Sterbeort von „Käthe Luther". Im Inneren erinnert heute die Katharina-Luther-Stube an das Wirken der couragierten Ehefrau des Reformators.
Die um 1533 unter Johann Friedrich dem Großmütigen errichtete Kurfürstliche Kanzlei (Wintergrüne 5) birgt seit 2003 das Stadt- und Kulturgeschichtliche Museum. Die 2005 eröffnete Dauerausstellung gibt einen anschaulichen Überblick über Torgaus reiche Geschichte und die Bezüge zur Reformation.

Stadtkirche St. Marien, Kanzel und Grabplatte Katharina von Boras

Weimar

Martin Luther hat sich zwischen 1518 und 1540 mehrfach in Weimar aufgehalten. Abseits der großen Handelsstraßen gelegen zählte der Ort im Jahr 1500 rund 1800 Einwohner. Seit 1486 regierten Kurfürst Friedrich der Weise und sein Bruder Herzog Johann der Beständige gemeinsam über Kursachsen und das ernestinische Thüringen. Nach seiner zweiten Heirat mit Margarete von Anhalt 1513 ließ sich Johann in Weimar nieder, das bis dahin als beliebte Nebenresidenz gedient hatte. Hier erklärte sich 1525 Johann als neuer Kurfürst, im Gegensatz zu seinem verstorbenen Bruder Friedrich als stillem Dulder der Reformation und Schützer Luthers aus Gewissensgründen, mit allem Nachdruck für die Reformation. So ermahnte er im August 1525 in Weimar den Klerus des Landes, „das lauter rain evangelion on menschliche zusatzungen" zu predigen. Dies geschah am 17. August 1525 – dem offiziellen Datum der Einführung der Reformation in Weimar. Damit trat Johann gleichzeitig allen Versuchen seines Vetters Herzog Georg entgegen, der die Reformation rückgängig machen wollte. Als 1533 die letzten Mönche die Stadt verließen, war Weimar rein protestantisch. 1547 geriet Weimar zum Exil des im Schmalkaldischen Krieg nach der Schlacht bei Mühlberg 1547 gefangen genommenen und zunächst zum Tode verurteilten Kurfürsten Johann Friedrich von Sachsen. Johann Friedrich hatte an der Spitze der protestantischen Fürsten gestanden. Vier Jahre nach seinem Tod wurde 1558 die von ihm initiierte Universität Jena als Ersatz für das verlorene Wittenberg gegründet. Mit Johann Friedrich nahm das 1557 3000 Seelen zählende Weimar als Residenz vor allem einen wirtschaftlichen Aufschwung.

Nurmehr wenig erinnert an die einstige ***Burg Hornstein***, deren Ursprünge ins 9. Jahrhundert zurückreichen, als am westlichen Ilmufer eine von Wassergräben umzogene Burg errichtet wurde. Die ersten nachweislichen Aufzeichnungen aus den Jahren 984 und 1002 entstammen der bekannten Chronik des Bischofs Thietmar von Merseburg. 1173/74 wurde die Burg des Weimar-Orlamünder Grafengeschlechts von den Thüringer Landgrafen zerstört. Nach Aussterben der Orlamünder 1372 gelangten die Landgra-

Weimar, Stadtschloss, Innenhof

fen in den Besitz der Burg und der 1250 gegründeten Stadt Weimar. 1424 verheerte ein Brand die in den Folgejahren wieder- und neu errichtete Burg. 1439 etwa wurde der Schlossturm in gotischen Formen erneuert, 1468 die Schlosskirche St. Martin geweiht und bis nach 1500 auch der im Anschluss an die Kirche errichtete Ostflügel des Palas mit Wohnräumen und Festsaal vollendet. Verstärkte Bauarbeiten ab 1535 galten der Aufwertung des Schlosses, das neben Torgau und Coburg als ***Residenzschloss*** diente. Gleich zwei verheerende Schlossbrände 1618 und 1774 vernichteten große Teile der Substanz, darunter am 2. August 1618 auch die Luther'sche Schlosskirche, so dass vom Erscheinungsbild des Hornsteins, so wie Luther ihn erlebt hat, auf den ersten Blick nicht viel Sichtbares geblieben ist. Heute erinnert nurmehr der Turmschaft der ***Bastille*** samt Nicol Gromanns überformtem, im Kern spätgotischem Torhaus und dem 1545 hinzugefügten Renaissanceportal aus Berkaer Sandstein an die alte Burg. Davor muss man sich zur Stadtseite eine Zugbrücke über den Graben vorstellen. Luther hat in der Schlosskirche am 29. September 1518 auf dem Weg nach Augsburg zum Verhör durch Kardinal Cajetan gepredigt. Zu diesem Zeitpunkt hielt sich gerade Kurfürst Friedrich der Weise nebst seinem Sekretär Spalatin in Weimar auf. In seiner Predigt ging Luther mit keinem Wort auf das bevorstehende Verhör in Augsburg ein. Stattdessen warnte er vor Heuchelei und jeder Werkgerechtigkeit samt den daraus erwachsenden Sünden und Lastern. Seine Gedanken stießen offenbar bei den Zuhörern auf eine geteilte Meinung. So wurde kritisiert, dass er am Michaelistag nicht das dafür vorgesehene Thema aufgegriffen habe. Mit dem Zehrgeld aus der fürstlichen Kasse setzte Luther seinen Weg von Weimar nach Augsburg fort. Auch in den Folgejahren predigte er wiederholt in der Schlosskirche. Auf Spalatins Wunsch hin schrieb Luther die Predigt nach seiner Rückkehr aus Augsburg aus dem Gedächtnis nieder und überließ sie ihm. Am 28. April 1528 führte Luthers Weg erneut auf den Hornstein, wo er neben Philipp Melanchthon Teilnehmer eines Verhandlungsgespräches zwischen dem sächsischen Kurfürsten Johann dem Beständigen und dem hessischen Land-

Weimar, Stadtschloss, Bastille

Cranachhaus am Markt

grafen Philipp war. Beim Gespräch ging es um die drohende Kriegsgefahr sowie ein mögliches, 1531 realisiertes Schutzbündnis der protestantischen gegen die katholischen Fürsten. Luther warnte den sächsischen Kurfürsten vor einem möglichen Angriffskrieg, wie ihn Philipp beabsichtigte. Vor dem Marburger Religionsgespräch machte Luther im September des Folgejahres erneut in Weimar Station, ferner 1530. Am 9. April traf er mit Melanchthon und Jonas in Weimar ein. Bereits unterwegs hatten sie sich in Torgau dem Kurfürsten Johann und dessen Sohn Johann Friedrich angeschlossen, trafen in Altenburg auf Georg Spalatin und in Weimar auf den Herzog von Braunschweig-Lüneburg, den Fürsten von Anhalt, Grafen von Mansfeld und weitere 70 Adlige, die allesamt auf dem Weg zum Augsburger Reichstag waren. Die Gesellschaft blieb bis zum 12. April 1530 in Weimar. Luther predigte mehrmals und hielt eine Abendmahlsfeier – mit Blick auf die hochrangige Reisegesellschaft vermutlich in der Schlosskirche. Das sehenswerte Innere des ***Schlossmuseums*** vereint in seiner Gemäldegalerie über 20 Werke von Lucas Cranach d. Ä, seinem Sohn Lucas Cranach d. J. sowie beider Werkstätten und gehört zu den bedeutendsten Cranach-Sammlungen im deutschen Raum. Lucas Cranach d. Ä. und Martin Luther waren eng miteinander verbunden, wie ein Brief belegt, den Luther unmittelbar nach dem Wormser Reichstag schrieb. Zu diesem Zeitpunkt lebte Cranach noch in Wittenberg, wo er seit 1505 als Hofmaler Kurfürst Friedrichs des Weisen wirkte. So hatten etwa beide jeweils Patenschaften der Kinder des anderen übernommen, wie Luther bei Lucas Cranach d. J. (1515–1586) und Cranach später bei Luthers ältestem Sohn Johannes / Hans (1526–1575).

Das heutige ***Cranachhaus*** am Markt bezog Lucas Cranach d. Ä. erst nach dem Tode Luthers. Es gehorte dem Ehemann seiner Tochter Barbara – Dr. Christian Brück (um 1516–1567), Sohn des sächsischen Kanzlers Gregor Brück (1484–1557) und Vorfahr von Goethes Mutter. In dem erst 1547 bis 1549 von Nicol Gromann erbauten prächtigen Renaissancegebäude sah Cranach 1552 noch einmal seine Familie, darunter auch seinen Sohn Lucas samt neuer Schwiegertochter Magdalena Schurff (1531–1606), einer Nichte Philipp Melanchthons. In Weimar erhielt Lucas Cranach d. Ä. seine Stelle als Hofmaler zurück, unter der Bedingung, nur Johann Friedrich I. und seinen Söhnen zu dienen. Im dritten Stock des Hauses hatte sich die „Malerstube" befunden. Hier begann er, das große Altarbild für die Stadtkirche zu malen, konnte es aber nicht selbst vollenden. Er starb am 16. Oktober 1553 im Alter von 81 Jahren.

Im ehemaligen ***Franziskanerkloster*** (heute Teil der Musikhochschule „Franz Liszt") machte Martin Luther am Abend des 28. September 1518 auf dem Weg zum Verhör durch Kardinal Cajetan in Augsburg Station. Sein Schüler, der Augustinerbruder Leonhard Beyer, begleitete ihn. Hier hielt er am anderen Tag die Frühmesse. Besonderes Mitgefühl bei Luthers schwerem Weg brachte ihm der Provisor des Franziskanerklosters Johann Kestner entgegen. Vom Franziskanerkloster ist heute noch die umgebaute Kirche erhalten. Seine Entstehung 1453 verdankte das Kloster einer landesherrlichen Initiative des Landgrafen Wilhelm III., des Tapferen. Die dendrochronologische Untersuchung der Dachsparren weist den Holzeinschlag für die Zeit von 1477 bis 1480 nach. Spätestens also 1480 war der Bau „Am Palais" vollendet. Zu den Brüdern hatte ehedem auch Luthers Freund Friedrich Myconius – erster Gothaer Superintendent – gehört, der hier 1516 zum Priester geweiht wurde und seitdem auch an der Stadtkirche predigte. Luther hielt sich 1521 nochmals hier auf und predigte in der Kirche. 1533 wurde das Augustinerkloster aufgelöst, die Gebäude wurden umfunktioniert, und zwar der Kreuzgang zum Schafstall sowie Kirche und Dormitorium zum Schüttboden für Korn, weshalb sich für den heute als Einziges erhaltenen ehemaligen Kirchenbau der Name „Kornhaus" erhalten hatte. Nach zeitweiliger

Ehem. Franziskanerkloster

Nutzung als Großherzogliches Rechnungsamt im 19. Jahrhundert zog 1872 eine Orchesterschule ein, der Beginn der musikalischen Nutzung.

Die ***Stadtkirche St. Peter und Paul*** ist in Weimar besser unter ihrem volkstümlichen Namen „Herderkirche" bekannt. Den verdankt sie Johann Gottfried Herder (1744–1803), der hier von 1776 bis zu seinem Tode 1803 als Oberhofprediger und Generalsuperintendent wirkte. Die Stadtkirche lag gemäß einer Urkunde von 1313 unmittelbar neben der alten Gerichtsstätte der Weimarer Burggrafen. Bereits im 13. Jahrhundert hatte ein Vorgängerbau bestanden, der sich inmitten der Stadt befand, so dass der heutige Herderplatz die Funktion eines frühen Marktes hatte. Von 1284 bis zur Reformation 1525 waren die Brüder des Deutschritterordens Patronatsherren des Gotteshauses, das zu den ältesten Gebäuden der Stadt gehört und 1299 bzw. 1424 zwei Feuersbrünsten zum Opfer fiel. Im Wesentlichen zwischen 1498 und 1500 unter Beibehaltung des überkommenen Turms wiederaufgebaut, erhielt die Kirche erst 1726 bis 1727 und 1735 unter Herzog Wilhelm Ernst von Sachsen-Weimar (1662/83 bzw. 1707–1728) durch Johann Adolf Richter (1682–1768) ihr heutiges barockes Erscheinungsbild, bei dem die baufälligen Steingewölbe durch hölzerne ersetzt sowie dreiteilige Fenster und zweigeschossige Seitenemporen für die Nutzung als protestantische Predigtkirche eingebaut wurden. Mit der Übersiedlung Johann Friedrichs I., des Großmütigen (1503–1554), 1547 nach Weimar wurde die Stadt ständige Residenz und die Stadtkirche (mit Unterbrechung) bis 1828 fürstliche Grablege. Möglicherweise hat Luther wie bereits im April 1521 auf der Reise nach Worms auch am 4. Februar 1537 in der Stadtkirche gepredigt. Zu diesem Zeitpunkt befand er sich im Gefolge des Kurfürsten und mit seinen Weggefährten Philipp Melanchthon, dem Pfarrer der Wittenberger Stadtkirche Johannes Bugen-

hagen (1485–1558) sowie Georg Spalatin auf dem Weg zur Tagung des Schmalkaldischen Bundes, die bereits am 7. Februar beginnen sollte. Melanchthon nennt zwar Luthers Predigtstelle aus Mt 13,3–8, nicht jedoch den Ort der Predigt.
Dagegen sind im Zeitraum 24. bis 26. Oktober 1522 vier Predigten in der Schloss- und Stadtkirche überliefert, wovon diejenige am 25. Oktober in der Stadtkirche bemerkenswert war. In seiner Predigt über das weltliche Regiment ging Luther auch auf das Verhältnis zwischen den Fürsten und ihren Räte ein, wobei er hervorhob, dass man darüber mehr wisse, als man hier sagen könne. Völlig unvermittelt stellte er dem während der Predigt anwesenden Fürsten dazu die Frage: „Ey, euere gnaden sehe mich an, wil euere gnaden mir nit glauben?“ Bereits 1525 war die Reformation in Weimar eingeführt worden, nachdem seit 1524 dem katholischen Geistlichen mit Johann Grau (Caesius) ein evangelischer Prediger beigegeben worden war. Die neue Lehre Luthers manifestierte sich jedoch nicht allein im Kirchengebäude, sondern auch in dessen Ausstattung. Schon 1522 hatte Luther auf die Bedeutung der Bilder für die christliche Verkündigung hingewiesen. Er wollte Sinnbilder, die belehren und ein Bekenntnis fordern, die auf das tägliche Leben in seinen guten und sündhaften Tatsachen hinweisen konnten. Der von Lucas Cranach d. Ä. (1472–1553) 1552 kurz vor seinem Tod begonnene und von seinem Sohn Lucas Cranach d. J. (1515–1586) vollendete Flügelaltar ist kein Andachtsbild, sondern vielmehr eine Predigt über die Erlösung des Menschen nur durch den Glauben an den gekreuzigten und auferstandenen Christus. Luther als zentrale Gestalt ist mit seinem Hinweis auf das Buch in seinen Händen als der Deuter des Bildes gedacht. Der Flügelaltar gilt als eines der monumentalsten Werke seiner Zeit und stellt den Versuch einer spezifisch reformatorischen Ikonografie dar. Der Altar, der den Reformator, den Maler und das Herzogspaar vereint, ist Ausdruck der besonderen, bis zum Jahr 1520 zurückreichenden Beziehung Cranachs d. Ä. zu seinem Fürsten Johann Friedrich und zu Martin Luther. Auch zu Johann Sebastian Bach gibt es eine Verbindung. Über dem Taufstein aus dem 15. Jahrhundert wurden mit Wilhelm Friedemann (*1710–1784) und Carl Philipp Emanuel (*1714–1788) die beiden wohl bekanntesten Söhne Bachs getauft. Carl Philipp Emanuels berühmtester Taufpate war Georg Philipp Telemann (1681–1767). Am 9. Februar 1945 – wenige Monate vor Ende des Zweiten Weltkriegs – durchschlu-

Stadtkirche St. Peter und Paul („Herderkirche“)

„Herderkirche“, Cranach'scher Flügelaltar

„Herderkirche“, ehem. Hofloge

gen zwei Sprengbomben das 19 Meter hohe Steildach und trafen den Chorraum und das zweite Mittelschiffsfeld. Zwei Drittel des Dachs stürzten samt den Holzbohlenkreuzgewölben darunter ein, der Rest des Dachstuhles wurde so beschädigt, dass er später vollständig abgebrochen werden musste. Beschädigungen erlitten der Altar, die Kanzel und die Empore. Die Schäden konnten zwischen 1948 und 1953 behoben werden, unter anderem durch Thomas Manns (1875–1955) Stiftung des Preisgeldes für den ihm von der Stadt Weimar 1949 verliehenen Goethe-Preis.

Der ***Lutherhof*** in der Luthergasse 1 ist seit 1492 bezeugt. Martin Luther soll hier beim „Gevatter Burgkhardt" nach 1534 mehrfach Quartier genommen haben. Seit 1531 gehörte das Haus Nummer 1 Johann Burgkardt, mit dessen Bruder Franziskus Luther eng befreundet war. Von 1773 bis 1777 lebte Christoph Martin Wieland hier, und Johannes Falk brachte hier zwischen 1821 und 1826 die Zöglinge seiner 1813 gegründeten Erziehungsanstalt unter. Auf Falk geht die Bezeichnung des mehrfach umgebauten Hauses als „Lutherhof" zurück.

Der ***Jakobskirchhof*** war nach Schließung des Friedhofes um die Stadtkirche St. Peter und Paul ab 1530 zum alleinigen Begräbnisplatz der Stadt geworden und wurde zwischen und 1752 mehrfach erweitert, bis er 1818 als Begräbnisplatz offiziell geschlossen und unter Großherzogin Maria Pawlowna in eine Grünanlage umgewandelt wurde. Sein Erscheinungsbild resultiert allerdings von 1929, als man die Umfriedungsmauer neu errichtete. Unter den zahlreichen noch erhaltenen Grabdenkmalen findet sich das von Lucas Cranach d. Ä. von 1553 – mit einer Kopie der Grabplatte aus dem Jahr 1859 (das Original befindet sich seitdem in der Stadtkirche). Eine andere bedeutende Grabstätte ist die des Bachvetters Johann Gottfried Walther von 1748, Verfasser des ersten deutschsprachigen Musiklexikons.

Jakobskirche und Jakobskirchhof

Die früheste Erwähnung der Jakobskirche datiert ins Jahr 1168, als die Herren von Gleißberg eine ***Kirche auf dem Jakobshügel*** errichten ließen und sie dem heiligen Jakob weihten. Noch Mitte des 13. Jahrhunderts wird sie als „Kirche von Weimar" bezeichnet und hatte als eigentliche Stadtpfarrkirche einen eigenen Pfarrer. Bald nach der Einführung der Reformation im Stadtgebiet wurde die Pfarrstelle eingezogen und die Kirche 1535 geschlossen. Bis zum Jahr 1579 wurde sie als Kornhaus zweckentfremdet, ehe sie unter der Herzoginwitwe Dorothea Susanna (1544–1592) ihre kirchliche Nutzung als Begräbniskirche zurückerhielt. 1805 fand hier die Trauerfeier für Schiller statt. 1806 heiratete der Cranach-Nachfahre Johann Wolfgang von Goethe (1749–1832) in der Sakristei Christiane Vulpius (1765–1816).

Luther und Weimar verbindet man heute vor allem mit der 1883 begonnenen und erst 2005 vollendeten kritischen Gesamtausgabe der Werke Martin Luthers – der so genannten „Weimarer Ausgabe" (WA). Bereits im Januar 1641 hatte der Nürnberger Drucker Wolfgang Endter die ersten 7,3 kg schweren Exemplare der Weimarer-Bibel (auch als Endter-, Kurfürsten- bzw. Ernestinische Bibel bekannt) ausgeliefert. Das Ziel der seit den 1630er Jahren geplanten, vom Pädagogen Sigismund Evenius (um 1585–1639) angeregten kommentierten Bibelausgabe war die zielgerichtete Neubelebung der Bibelstudien in den Familien, denn die Obrigkeit legte Wert darauf, dass die Bevölkerung in aktiver Weise konfessionstreue Frömmigkeit lebte.

Wittenberg

Luther und Wittenberg sind untrennbar miteinander verbunden, nicht erst seit 1938, als der Beiname „Lutherstadt“ Wittenberg zum festen Begriff wurde. Hier an der Elbe wurde Martin Luther 1512 zum Doktor der Theologie promoviert, hier hatte er 1515 sein „Turmerlebnis“, und hier hat er 1517 seine 95 Thesen an die Tür der Schlosskirche geschlagen. Der Ort war sein Lebensmittelpunkt, an dem er 1546 auch seine letzte Ruhe erhielt. Seit 1996 ist das reformationshistorische Ensemble aus Schlosskirche, Stadtkirche, Luther- und Melanchthonhaus UNESCO-Weltkulturerbe. Die Stadt zählte unter Kurfürst Friedrich III., dem Weisen, rund 2000 Einwohner und 400 Häuser. Sie war die erklärte Lieblingsresidenz des sächsischen Kurfürsten, die er Torgau vorzog. Der Spruch Ciceros im kurfürstlichen Schlafzimmer der neuen Wittenberger Residenz könnte der Wahlspruch Friedrichs gewesen sein: „Dir ist dein Sparta zugetheilt worden, das schmücke.“ Tatsächlich nahm die alte askanische Residenz an der Elbe unter dem sächsischen Kurfürsten, der zugleich Reichserzmarschall des Heiligen Römischen Reiches war, politischen, wirtschaftlichen und kulturellen Aufschwung. Mehr noch: Die künstlerische Repräsentation und das fürstliche Mäzenatentum erreichten unter Friedrich dem Weisen einen nie mehr erreichten Höhepunkt. Das Vorbild suchte der Kurfürst in der burgundisch-habsburgischen Hofkultur. Der Antike gegenüber zeigte er sich aufgeschlossen und entwickelte neben seinem Altersgenossen, Kaiser Maximilian, einen der seinerzeit glanzvollsten Höfe

Blick auf Wittenberg mit der Stadtkirche St. Marien

im Reich. Dieser führte Hofhandwerker und Künstler, darunter Albrecht Dürer, Tilman Riemenschneider und Lucas Cranach d. Ä. nach Wittenberg. Friedrich gründete 1502 die Universität (Leucorea) sowie eine Bibliothek und schuf 1509 mit dem so genannten „Wittenberger Heiltum“ die bedeutendste Reliquiensammlung seiner Zeit. Neben Wittenberg ließ er die Residenzen von Torgau, Weimar und Lochau (heute Annaburg) ausbauen, wo er 1525 auch starb. Wohl gegen Ende 1504 erhielt Lucas Cranach seine Berufung als Hofmaler nach Wittenberg. Hier traf er im Frühjahr 1505 als Lucas Mol(l)er ein und übernahm die Nachfolge des Venezianers Jacopo de' Barbari. Seine Aufgaben reichten weit über das Amt eines Hofmalers hinaus und betrafen die Neugestaltung und Ausstattung der kurfürstlichen Schlösser von Coburg (Veste), Wittenberg, Torgau, Lochau und Altenburg. Hier schuf er Wand- und Deckenmalereien, fasste Möbel, verzierte Kutschen und Turnierdecken. Dazu übernahm Cranach Besorgungsaufträge für den Wittenberger Hof, etwa durch die Belieferung mit Büchern, da er zeitweilig eine eigene Buchhandlung betrieb. Auch reiste er in diplomatischen Missionen – etwa 1508 in die Niederlande. Cranach war umtriebig und geschäftstüchtig. Drei Jahre nach ihm, 1508, kam Luther nach Wittenberg.

Unbekannt hingegen ist, wann sich beide Männer kennen- und schätzen lernten. Bekannt ist, dass Cranach nicht nur die Ehe mit Katharina vermittelte, sondern darüber hinaus mit einer wahren Bildnisoffensive des jungen Paars (im Pendant) eine großangelegte Sympathiewerbung zugunsten des Reformators im Ehestand betrieb. Es lag nahe, dass der Künstler auch die theologischen Botschaften Luthers in sein Medium umsetzte, besonders, als dieser während seiner Wartburg-Zeit der öffentlichen Stimme beraubt war. Cranach wurde zum Begründer der christlichen Bildpolemik, der protestantischen Ikonografie, die vor allem die Schuld- und Erlösungslehre Luthers thematisierte. Trotz seiner Freundschaft mit Luther arbeitete Cranach auch weiterhin für katholische Auftraggeber wie Luthers größten Gegenspieler Kardinal Albrecht von Brandenburg, Erzbischof von Mainz und Magdeburg, der Cranach einen Großauftrag für die Hallenser Stiftskirche verschaffte. So gesellte sich in der jüngeren Forschung neben den ‚Maler der Reformation' der ‚katholische Cranach'.

Universität Leucorea

Weithin sichtbar erhebt sich der 88 Meter hohe Turm der Schlosskirche über die Dächer der Altstadt und markiert zugleich das Ende der westlichen Altstadt. Hier ließ Friedrich der Weise auf den Fundamenten des 1489 abgebrochenen Askanierschlosses bis 1497 den Neubau seiner Residenz – bestehend aus Süd- und Westflügel – errichten. Das Äußere des ***Schlosses*** markiert den Wandel von der wehrhaften Burg zum eher repräsentativen Wohnschloss und knüpfte typologisch an die Meißner Albrechtsburg an. Ein völliger Verzicht auf die Wehrhaftigkeit erfolgte nicht, denn die beiden Flügelbauten sollten auch als Befestigung der Südwestecke Wittenbergs dienen. Die Pläne dazu stammten von Konrad Pflüger, Hans Meltwitz und dem Meister Claus, die allesamt zuvor in Meißen gewirkt hatten. Das Innere barg zwei Festsäle, eine Hofstube, die fürstlichen Privaträume sowie die als Appartements gestalteten Gasträume. Deren Ausstattung

Schloss und Schlosskirche

nahmen prominente Künstler wie Albrecht Dürer, Hans Burgkmeier, Conrad Meit, Tilman Riemenschneider, die Nürnberger Vischer-Werkstatt sowie Jacopo de' Barbari und sein Nachfolger Lucas Cranach vor. Eine vergleichbare Konzentration von Künstlereliten erreichte im Reich sonst nur noch Kaiser Maximilian I. Einen Teil des Schlosskomplexes bildete die seit Martin Luthers Thesenanschlag am 31. Oktober 1517 weithin bekannte ***Schlosskirche***. Die Abfassung der 95 Thesen gegen den päpstlichen Ablasshandel hatte vor allem einen seelsorgerlichen Grund, denn Luther fürchtete um das ewige Heil der ihm anvertrauten Beichtkinder, falls diese sich auf Tetzels Versprechungen verlassen würden, dass man für Geld die himmlische Seeligkeit erkaufen könne. Wie genau der Thesenanschlag erfolgte, ist bis heute unbekannt, zumal die Thesen in lateinischer Sprache formuliert sind. Bekannt ist, dass Luther sie am 31. Oktober 1517 in zwei Briefen versandte, darunter an Albrecht von Brandenburg, Erzbischof von Magdeburg und Administrator von Halberstadt. Dieser Brief blieb bis heute erhalten. Die Schlosskirche entstand zwischen

Schlosskirche

1496 und 1506 und schloss die nunmehrige Dreiflügelanlage des Schlosses nach Norden hin ab. Mit ihren umlaufenden Emporen lieferte der neue Kirchenbau sogar ein Grundschema für den künftigen evangelischen Kirchenbau. Die Schlosskirche ersetze letztlich die um 1340 erbaute askanische Schlosskapelle, die ‚allen Heiligen' geweiht war. Friedrich war ein tiefgläubiger Mensch und hatte 1493 eine Pilgerreise ins heilige Land unternommen. Aus der alten Allerheiligenkirche übernahm er eine reiche Sammlung von Reliquien, die er durch Ankäufe derart vergrößerte, dass man um 1520 auf 18 855 Stücke, darunter 5005 Reliquien kam. Unter die kostbarsten Stücke zählte man einen Splitter vom Kreuz Christi, einen blutgefärbten Dorn der Dornenkrone, Stroh aus der Krippe von Bethlehem und Reste der Windeln Jesu. Die Reliquien waren von kostbaren Gefäßen umgeben und wurden jährlich nach Ostern öffentlich ausgestellt. Die Sammlung war eine der größten ihrer Zeit. Insbesondere den Reliquien schrieb man heilende Kräfte zu, woraus sich auch der Name der Sammlung „Wittenberger Heiltum" ableitete. Die Bedeutung des Schatzes wird dadurch deutlich, dass er in den Augen der Gläubigen einen Gegenwert von zwei Millionen Jahren Erlass von Buß- und Fegefeuerstrafen hatte. Die Schlosskirche diente auch als Universitätskirche, in der Luther mehrfach predigte und in der er am 22. Februar 1546 begraben wurde. Bugenhagen hielt die Trauerpredigt auf Deutsch, und Melanchthon eine ehrende Gedenkrede in Latein. Dabei erwähnten beide die Witwe mit keinem Wort. Das historische Gotteshaus ging 1760 während des Siebenjährigen Krieges in Flammen auf. Abermaligen Schaden nahm die Schlosskirche 1813/14 während der Befreiungskriege. Am 1. November 1817 wurde das wiederhergestellte Innere eingeweiht und die Schlosskirche zur Seminarkirche des neugegründeten Evangelischen Predigerseminars. Ihre heutige Gestalt verdankt die Schlosskirche dem Umbau von 1885 bis 1892 als Gedächtnishalle der Reformation und evangelisches Nationaldenkmal. Die Unterstützung erfolgte unmittelbar durch das deutsche Kaiserhaus. Das so genannte Thesenportal war bereits 1858 im originalen Türgewände von 1499 eingebaut worden. Im Inneren finden sich zwei ähnlich gestaltete Grabtumben mit bronzenen Gedenkplatten für Luther und Melanchthon. Luthers Inschrift lautet in deutscher Übersetzung des lateinischen Textes: „An diesem Ort liegt der Leib Martin Luthers, Doktors der Heiligen Theologie, begraben, der im Jahre Christi 1546, am 18. Februar in seiner Vaterstadt gestorben ist im Alter von 63 Jahren."

Die große Bildnisgrabplatte in der Nähe ist ein Nachguss des Originals in der Jenaer Stadtkirche St. Michael von Heinrich Ziegler aus dem Jahr 1548.

Unweit von der Schlosskirche entfernt findet man mit dem ***Cranachhof*** die Werkstatt der Cranachs in der Schlossstraße 1. Vermutlich besaß Cranach d. Ä. seit 1507 ein kleineres Haus in Wittenberg. Jedenfalls erwarb er 1510 in der städtischen Ziegelei 750 Mauersteine und 1512 gar 11 500 Mauersteine, 6000 Dachziegel und 40 Wagen Kalk. Im Jahr 1512 besaß Cranach bereits zwei Wohnhäuser in Wittenberg. Sie bargen nicht nur die expandierende Werkstatt, sondern dienten dem Maler auch als Kapitalanlage. Das repräsentative Gebäude Schlossstraße 1 war 1513 durch Kauf in den Besitz Lucas Cranachs d. Ä. gelangt. Unter Lucas Cranach d. Ä. erfolgte 1540 der Bau des hinteren Seitenflügels, der zunächst wohl als Werkstattgebäude diente und der die von Cranach und Christian Döring gegründete Buchdruckerei enthielt. Am Standort Schlossstraße entstand Luthers Neues Testament in Deutscher Übersetzung – das so genannte ‚Septembertestament' mit 21 Holzschnitten

Bugenhagen-denkmal

von Cranach. 17 Auflagen folgten bis zum Erscheinen der ersten Vollbibel von 1534 – jenem Stück übrigens, dass Dr. Michael Knoche 2004 aus der brennenden Weimarer Herzogin Anna Amalia Bibliothek rettete. Wenige Jahre später wurde der Südflügel errichtet, der in der Folge die Malerwerkstatt aufnahm. Dieser Querbau verfügte über ein großes Tor, das gestattete, etwa die großformatigen Altartafeln unzerlegt abzutransportieren. Bei der Größe des Hauses wird immer wieder von 84 heizbaren Räumen und 16 Küchen gesprochen sowie von der Werkstatt, in der zeitweilig 30 Gehilfen arbeiteten. In den späten DDR-Jahren boten die Cranach-Höfe ein zunehmend trostloses Bild. Dank der Cranach-Stiftung werden die mittlerweile sanierten und restaurierten Gebäude erhalten und kulturell genutzt. Dazu gehören eine Kunstschule für Kinder, eine Druckerstube, Galerie, Herberge und ein Weinausschank. Besonders die historische Druckerstube, in der alte Satz- und Drucktechniken vorgeführt werden, erinnert neben Cranach und Döring an die Wittenberger Meister Hans Lufft, Melchior Lotter d. Ä. und Melchior Lotter d. J. sowie an Georg Rhau. Seit dem 27. November 2005 ist Cranach auch ganz plastisch als modernes Denkmal des Bildhauers Frijo Müller-Belecke aus Hemmoor in Niedersachsen zurückgekehrt. Er sitzt ganz leger auf einem Mäuerchen vor seiner Werkstatt und blickt in die Tiefe seines

Cranachhof
Markt 4

Cranachwerkstatt
Schlossstraße 1

Cranachhaus/ Cranachhof Markt 4

einstigen Anwesens. Die Cranach-Höfe sind heute Baudenkmal von nationaler Bedeutung.

Rathaus

Von hier aus erblickt man bereits das ***Rathaus*** an der Nordseite des Marktplatzes. Die repräsentative Südfront mit seinem prunkvollen Portalvorbau (1573) und den Zwerchhäusern (1570–1573) entstand erst lange nach Lucas Cranachs Tod. Dennoch hat er den 1523 bis 1535 nach Plänen von Konrad Krebs errichteten Bau gut gekannt, denn er wirkte hier zwischen 1537 und 1544 als Bürgermeister. Zu diesem Zeitpunkt war Cranach nach dem kurfürstlichen Kanzler nicht nur der reichste Wittenberger Bürger, sondern auch derjenige mit dem größten Grundbesitz, denn zu den Grundstücken Schlossstraße 1 und den gegenüber dem Rathaus gelegenen Häusern Markt 3 und 4 kamen noch Grundstücke in Coswig und Gotha hinzu, seine Monopolstellung als Apotheker und ein Schankrecht für Wein. Von seinem Druckerprivileg ganz zu schweigen. Mit dem Wittenberger Rat war der Maler und Unternehmer seit 1519 verbunden. 30 Jahre lang bekleidete er das Amt des Ratsherrn, dreimal (1519, 1531 und 1534) das des Kämmerers und schließlich 1537 bzw. 1540 bis 1544 das des Bürgermeisters.

Vor dem Rathaus stehen die beiden ***Bronzedenkmale Luthers und Melanchthons*** – sie scheinen auf den ersten Blick wie aus einem Guss. Das Lutherdenkmal von Johann Gottfried Schadow zeigt den Reformator in Lebensgestalt mit der aufgeschlagenen Bibel in seiner Rechten, als Verweis auf Gottes Wort. Sockel und Baldachin entstanden nach Entwürfen Karl Friedrich Schinkels. Die Enthüllung erfolgte 1821. Das erst 1865 eingeweihte Melanchthon-Denkmal schuf der Schadow-Schüler Friedrich Drake, den Baldachin Heinrich Strack.

Ähnlich dem Komplex Schlossstraße 1 befand sich auch der ***Cranachhof*** am ***Markt 4*** von 1502 bis 1507 im Besitz des Universitätsrektors Martin Pollich von Mellerstedt. Lucas Cranach erwarb ihn und lebte hier vermutlich mit seiner 6-köpfigen Familie – seiner Frau und den vier Kindern Johannes/Hans (um 1512–1537), Lucas d.J. (1515–1586), Ursula (um 1516/17–?) und Anna (1520–1601). 1537 starb Sohn Hans in Bologna. Luther fand die Eltern Cranach am 1. November 1537 den Schilderungen seiner Tischgespräche nach „im Gewissen geplagt und gemartert, gleich als wären sie seines Todes eine Ursache gewesen."

Rathaus, Stadtkirche St. Marien und Marktplatz mit Melanchthon- und Lutherdenkmal

Die hochwertige Ausstattung des Doppelhauses Markt 4 lässt auf einen wohlhabenden Bauherrn schließen. Das Vorderhaus setzt sich aus zwei Gebäudeteilen zusammen: dem von 1520 bis 1535 mehrfach durchgreifend siebenachsigen Vorderhaus zum Marktplatz und einem niedrigeren hofseitigen Seitengebäude von 1521. Im Rahmen der Baudokumentation wurden im November 1993 im ersten Obergeschoss des Vorderhauses bislang unbekannte Renaissancedecken und Wandfassungen freigelegt, die unter Verwendung sehr wertvoller Halbedelstein-Farbpigmente wie Azuritblau oder Malachitgrün gemalt wurden. Sie deuten auf eine Entstehungszeit um 1520 bis 1540 hin. Es sind zugleich die ältesten Dekorationen dieser Zeit in Wittenberg. Die Sanierung und Restaurierung des Haupthauses Markt 4 wurden 1998 abgeschlossen.

Neben dem Turm der Schlosskirche bestimmt die gotische Doppelturmfassade der evangelischen ***Stadtkirche St. Marien*** mit ihrer steinernen Brücke von 1655/56 die Stadtsilhouette. Die Kirche als ältestes Gebäude Wittenbergs wurde 1187 erstmals urkundlich erwähnt und hat ihren Ursprung in einer kleinen, um 1300 errichteten Kapelle. Um 1280 entstand der heutige Altarraum. Zwischen 1412 und 1439 wurde das Langhaus durch die dreischiffige Halle ersetzt und die Türme wurden gebaut. St. Marien ist die Mutterkirche der Reformation. Luther wirkte hier seit 1514 als Prediger.
Hier wurde der Gottesdienst erstmals in deutscher Sprache gefeiert und das Abendmahl zum ersten Mal in beiderlei Gestalt – Brot und Wein – an die Gemeindeglieder ausgeteilt. Hier predigten Martin Luther und Johannes Bugenhagen, nach dem das Pfarrhaus hinter der

Kirche benannt ist (Bugenhagenhaus). Infolge des Bildersturms unter Andreas Bodenstein verlor das Gotteshaus 1522 nahezu die gesamte Ausstattung. Das war ein Grund, dass Luther von der Wartburg hierher zurückkehrte und seine berühmten Invocavit-Predigten hielt.

1547 erhielt St. Marien den berühmten Reformationsaltar von Lucas Cranach d. Ä. In seinen vier Bildtafeln zeigt er die Grundzüge evangelischen Gemeindelebens und reformatorischen Kirchenverständnisses: die Taufe mit einer Darstellung Melanchthons (links), Luther als Junker Jörg beim Abendmahl (im Zentrum), Johannes Bugenhagen im Beichtstuhl (rechts) und wiederum Luther als Prediger vor einer kleinen Gemeinde (in der Predella). In der Gemeinde stellte sich Lucas Cranach d. Ä. neben Katharina von Bora selbst dar.

Der achtteilige Altar soll am Tage der Schlacht bei Mühlberg, am 24. April 1547, übergeben worden sein, heißt es in der Überlieferung. Da mehrere Jahre daran gearbeitet worden war, muss die Bild-

Lutherdenkmal und Stadtkirche St. Marien

komposition des Epitaphs für Luthers Predigtkirche mit Sicherheit noch gemeinsam von Cranach d. Ä. und dem Reformator entwickelt worden sein. Luther starb im Jahr vor der Fertigstellung. Bekannt ist, dass Vater und Sohn Cranach am Wittenberger Altar arbeiteten und Cranach d. J. ebenso wie sein Vater dargestellt ist – in der Funktion des ‚Mundschenken', der Luther beim Abendmahl den Becher reicht. Die Darstellung erinnert in ihrer Art an die Donauschule. Auch findet sich der klassische Bildaufbau mit der weiten Landschaft und dem bei Lucas Cranach d. Ä. beliebten Höhenburg-Motiv. Seit 1996 gehört die Stadtkirche St. Marien zum UNESCO-Welterbe.

Von Oktober 1536 an lebten die Melanchthons im neu errichteten Gebäude des heutigen ***Melanchthonhauses*** in der Collegienstraße 60 unweit des Lutherhauses. Die Durchführung des Baues hatte teilweise in den Händen von Katharina Melanchthons Bruder Hieronymus als Bürgermeister Wittenbergs gelegen. Die Eheleute führten einen sehr freigiebigen Haushalt, der nicht zuletzt auf Katharinas Liebe zu ausgelassener Geselligkeit zurückging, die der Hausherr bisweilen zu dämpfen suchte. Dennoch: die Freigiebigkeit war beiden gleich und äußerte sich auch gegenüber der finanziell besser gestellten Familie Luther. Das soziale Gefälle sorgte für Spannungen, insbesondere zwischen den beiden Frauen. Der älteste Melanchthon-Biograf Joachim Camerarius (1500–1574) hielt zur Gebefreudigkeit beider fest: „Keiner von ihnen schien ohne irgend eine Gabe und traurig von dannen zu gehen". Engagiert zeigte sich die Hausfrau Katharina Melanchthon in der Versorgung ihrer großen Familie. Wenn es den Wittenberger Familien nur gestattet war, pro Haushalt eine Ziege zu halten, so erwirkte sie mit einem Bittschreiben an den Kurfürsten, gleich drei in ihrem Garten an der Stadtmauer halten zu dürfen. Vielfach wird es

Stadtkirche St. Marien, Blick zum Flügelaltar

der Ehefrau nicht leicht gewesen sein, den Haushalt zu führen und die Launen ihres Mannes zu ertragen, denn zu den negativen Eigenschaften Philipps gehörte der Jähzorn. Und auch die Kinder bereiteten den Eltern nicht nur Freude. Der kränkelnde Philipp war Mutters Sorgenkind und sorgte als 18-Jähriger durch seine heimliche Verlobung mit der aus Leipzig stammenden Margaretha Kuffner über Wittenbergs Grenzen hinaus für einen handfesten Skandal. Selbst Luther wetterte seinerzeit von der Kanzel gegen das von Philipps Eltern nicht gebilligte Eheversprechen. Am Ende waren beide Ehepartner 37 Jahre verheiratet, in der Mehrheit wohl eher glücklich, denn Katharina war ihrem Mann über die Jahre eine geliebte und wichtige Begleiterin gewesen. Am 27. November 1520 hatten beide geheiratet. Die Braut entstammte einer angesehenen Wittenberger Familie. Ihr Vater, der Gewandschneider Hans Krapp, war zudem Ratsherr und seit 1494 Bürgermeister – gehörte also zu den Honoratioren der Stadt. Die Ehe der beiden war arrangiert. Der Initiator war kein Geringerer als Melanchthons 14 Jahre älterer Freund Martin Luther, der den jüngeren Kollegen mit diesem Schritt in Wittenberg zu halten suchte. Der aber dachte, damit Bigamie zu begehen, denn er fühlte sich längst verheiratet: mit der

Wissenschaft. Auch hatte er offenbar Angst, sich durch die Ehe nicht in angemessener Weise seinen Studien widmen zu können. Die Freunde um Martin Luther versprachen sich von der Hochzeit und Ehe mit Katharina Krapp neben dem Aspekt, den mittlerweile beruflich erfolgreichen Professor in Wittenberg zu halten, auch eine Stärkung seiner labilen Gesundheit. Melanchthon neigte nämlich zur Hypochondrie. Er war allseits beliebt – bei Kollegen und Studenten. Trotz seines jugendlichen Alters wurden seine Vorlesungen von den Studenten begeistert aufgenommen. Luther selbst freute sich, von ihm zu lernen: „Ich danke es meinem guten Philipp, daß er uns griechisch lehrt. Ich bin älter als er. Allein das hindert mich nicht, von ihm zu lernen. Ich sage es frei heraus, er versteht mehr als ich, dessen ich mich auch gar nicht schäme. Darum ich auch gar viel vom dem jungen Mann halte und werde nichts auf ihn kommen lassen." Von 1519 bis zu seinem Tod befasste sich Melanchthon mit der reformatorischen Theologie und dem Evangelium. Während der Leipziger Disputation 1519 steckte Melanchthon Luther Zettel mit passenden Argumenten für das Streitgespräch mit dem katholischen Theologen Johannes Eck zu. Beide profitierten also voneinander – ein Weggang des Jüngeren musste also verhindert werden.

Augusteum

Am südöstlichen Ende der Collegiengasse erreicht man über die breite Torfahrt des Augusteums den Lutherhof. Das ***Augusteum*** entstand 1580 als Erweiterungsbau der Universität Leucorea und diente bis zum November 2013 rund zweihundert Jahre als Evangelisches Predigerseminar. Als Teil der Stiftung Luthergedenkstätten in Sachsen-Anhalt wird es künftig die Ausstellung im Lutherhaus ergänzen.

Im ***Lutherhof*** zwischen Augusteum und Lutherhaus findet man seit dem Jahr 2000 die von Nina Koch geschaffene Bronzeplastik der Katharina von Bora, die entschlossenen Schrittes auf das nach ihr benannte Katharinenportal, ein spätgotisches Kielbogenportal, des Lutherhauses zuläuft. Sie hat es 1540 in Pirna in Auftrag gegeben und aus eigenen Mitteln errichten lassen.

Im ***Lutherhaus***, dem ehemaligen Schwarzen Kloster, lebte der Reformator 35 Jahre, von 1508 an. Sein Haushalt war einer der größten, denn zwischen 35 und 50 Personen lebten ständig dort. Hier hatte er 1515 in seinem Studierzimmer sein Turmerlebnis. Im Paulusbrief an die Römer (Röm 1,17) erkannte er, dass die Gerechtigkeit Gottes darin bestehe, dass Christus uns alle rechtfertigt und erlöst, und zwar nicht durch gute Taten, sondern allein durch den Glauben an die Barmherzigkeit Gottes.

Als die entflohenen Nonnen aus Nimbschen 1523 in Wittenberg eintrafen, bat Luther seinen Freund Cranach und dessen Frau Barbara um Aufnahme von Katharina von Bora. Die Cranachs führten mit ihren zwölf Malergesellen auch einen großen Haushalt. Zu diesem Zeitpunkt waren Cranach und Luther bereits eng befreundet. Schon 1520 hatte der Reformator die Patenschaft für Cranachs Tochter Anna über-

nommen. Im Folgejahr teilte Luther Cranach noch in Frankfurt/Main mit, dass er sich verstecken wolle. Cranach gehört damit zu einem sehr kleinen Kreis Eingeweihter.
1526 wurde Cranach zusammen mit Justus Jonas Taufpate des ersten Kindes von Martin Luther und seiner Frau Katharina. Die Taufe nahm Johannes Bugenhagen vor. Bereits zur Hochzeit im Vorjahr gehörte Cranach zum kleinen Kreis derer, die Luther eingeladen hatte. Melanchthon gehörte nicht dazu und teilte dies 1525 seinem Freund, dem Universalgelehrten Joachim Camerarius d. Ä (1500–1574), in einem Brief mit: „Unerwarteterweise hat Luther die Bora geheiratet, ohne auch nur einen seiner Freunde vorher über seine Absicht zu unterrichten. Er ließ am Abend allein den Pomeranus Johannes Bugenhagen, den Maler Lucas Cranach und den Dr. Apel zu Tische laden“. Am Abend des 13. Juni 1525 hatte Luther also die engsten Wittenberger Freunde in das Schwarze Kloster eingeladen, wo Johannes Bugenhagen die Trauung hielt. 14 Tage später lud Luther Freunde und Verwandte zur so genannten Wirtschaft, dem Kirchgang mit anschließendem Festmahl, ein. Die Hochzeit kam völlig überraschend. Offenbar wollte Luther sich dadurch mit

Lutherhaus (ehem. Schwarzes Kloster)

Blick zum Lutherhaus, um 1900

Bronzeplastik der Katherina von Bora, 2000

seinem Vater Hans versöhnen, der dem Sohn den Eintritt ins Erfurter Augustinerkloster nie verziehen hatte. Jetzt, auf dem Höhepunkt des Bauernkrieges, befürchtete Luther allerdings, nicht mehr lange zu leben. Luthers Hochzeit mit Katharina wurde von Freunden und Feinden kritisiert. Es regte sich Widerstand, der aber der Ehe Luthers nicht ernsthaft schaden konnte. Luther bemerkte dazu in seinen Tischreden: „Wenn ich nicht heimlich geheiratet hätte, so hätte man es verhindert. Denn alle meine nächsten Freunde schrien: Nicht diese, sondern eine andere!" Aus der Ehe gingen sechs Kinder hervor, drei Söhne und drei Töchter: Johannes (1526), Elisabeth (1527), Magdalena (1529), Martin (1531), Paul (1533) und Margarethe (1534). Vier der Kinder erreichten das Erwachsenenalter, Elisabeth starb vor dem ersten Lebensjahr und Magdalena mit zwölf Jahren – ein schwerer Schicksalsschlag für die Eltern.

Katharina wirkte als Pfarrfrau im Schwarzen Kloster. Neben der Versorgung und Kindererziehung verwaltete und bewirtschaftete sie die umfangreichen Ländereien, betrieb Viehzucht und eine Brauerei. Nach 1530 eröffnete im Schwarzen Kloster eine Studentenburse, also ein Wohnheim für Studenten, dessen Einnahmen ebenso hoch waren wie die aus Luthers Gehalt. 1535 schrieb Luther an Justus Jonas: „Es grüßt Dich mein Herr Käthe, die fährt, die Äcker bestellt, Vieh füttert und kauft, Bier braut". 1542 hatte die Familie den größten Vieh- und Grundbesitz in Wittenberg. Das Organisationstalent dafür lag in Katharinas Händen. Zwar wurden die jeweiligen Kaufverträge von Luther unterzeichnet, doch steckte sie stets dahinter. Martin Luther starb am 18. Februar 1546 in Eisleben. Die Todesnachricht, die Bugenhagen, Cruciger und Philipp Melanchthon am Morgen des 19. Februar überbrachten, traf sie hart und überraschend. Das Testament brachte trotz anderslautender Verfügungen Martin Luthers Schwierigkeiten in der Umsetzung. Eine weibliche Alleinerbin Katharina Luther sah der Sachsenspiegel als gültiger Rechtskodex nicht vor. Erst ein Machtwort des Kurfürsten half – allerdings nicht bei der Auswahl der Vormünder, die zudem für Mutter und Kinder getrennt bestellt wurden. Einen noch stärkeren Einschnitt brachte schließlich der Schmalkaldische Krieg, vor dem die Familie zeitweilig aus Wittenberg fliehen musste, zunächst 1546 über Dessau nach Magdeburg und 1547 über Helmstedt nach Braunschweig. Im Juli 1547 fand Katharina die Wittenberger Gebäude und Ländereien verwüstet vor, so dass sie in wirtschaftliche Not geriet. Vor Pest und Missernten floh sie 1552 nach Torgau, wo sie wenig später starb.

Unter den zahlreichen sehenswerten Exponaten des Lutherhauses befindet sich die 1516 entstandene „Zehn-Gebote-Tafel". Sie war ursprünglich für die Gerichtslaube im Rathaus bestimmt. Geschaffen wurde sie von Lucas Cranach und seiner Werkstatt. Der Magistrat hatte so das Gesetz Gottes vor Augen, wenn er seine Gerichtsbarkeit ausübte. Das Bild zeigt in den Darstellungen zu den einzelnen Geboten eine Fülle von Details aus dem Alltagsleben des 16. Jahrhunderts. Der sich über die Bilder ziehende Halbkreis verweist auf den Regenbogen als Symbol des ersten Bundes Gottes mit den Menschen, wie er in der Noah-Geschichte erzählt wird. Diese Darstellungsweise gilt als einzigartig.

Worms

Lutherdenkmal

Als Nibelungenstadt ist Worms weltweit bekannt und durch den Reichstag von 1521 untrennbar mit der deutschen Reformationsgeschichte verbunden. „Hier stehe ich, ich kann nicht anders. Gott helfe mir. Amen“. Mit diesen oder ähnlichen Worten weigerte sich Martin Luther auf dem Reichstag seine Schriften und die 95 Thesen vom Oktober 1517 zu widerrufen. Kaiser Karl V. verhängte daraufhin im so genannten Wormser Edikt die Reichsacht über den Reformator. Als Bischofssitz war Worms seit dem Mittelalter ein geistliches Zentrum. Aufgrund des starken Bürgertums breitete sich die Reformation vor allem nach Luthers Auftreten auf dem Reichstag in der Stadt aus. Bereits 1524 wurde in Worms erstmals eine deutsche evangelische Messe gedruckt, und 1526 veröffentlichte William Tyndale hier die erste englische Version des Neuen Testaments. Heute erinnert in Worms vor allem das „Weltdenkmal der Reformation“ von 1868 an Luthers Wirken und die Geschichte der Reformation. Spenden aus der ganzen lutherischen Welt hatten die Errichtung des Monuments ermöglicht. Dargestellt ist die gesamte Reformationsgeschichte, die auch Wyclif, Hus, Petrus Waldus und Savonarola einbezieht. Dem Denkmalentwurf liegt das Lutherlied „Eine feste Burg“ zugrunde.

Zehn Tage hielt sich Luther im April 1521 in Worms auf. Auf Betreiben Roms sollte er seine 95 Thesen von 1517 und seine Schriften wie die „Von der Freiheit eines Christenmenschen“ von 1520 widerrufen. Fürsten und Stände hatten erreicht, dass der Kaiser ihm freies Geleit zugesichert hatte. Am 16. April 1521 traf Luther in Worms gegen Mittag vor dem Johanniterhof, in dem er wohnte, ein und erschien tags darauf nachmittags um vier geleitet vom Reichsmarschall Pappenheim vor Kaiser Karl V. und den versammelten Reichsständen. Johann von Eck, Offizial des Trierer Erzbischofs, begann mit dem Verhör, in dem Luther zum völligen oder teilweisen Widerruf seiner ihm vorgelegten Schriften aufgefordert wurde. Luther erbat sich Bedenkzeit, da es sich um das Wort Gottes und das Heil der Seelen handle. Man gewährte ihm einen Tag Aufschub. Am 18. April 1521 war er nachmittags um vier abermals im Bischofshof, musste dort aber lange warten und wurde erst bei anbrechender Dämmerung vorgelassen. Nach zeitgenössischen Berichten sei Luther mit unerschrockener, klar vernehmbarer Stimme, in bescheidenem Ton und doch in fester Überzeugung aufgetreten und habe zunächst in deutscher, dann in lateinischer Sprache über seine Bücher gesprochen. Er unterschied drei Gruppen: zunächst die schlichten, evangelischen Schriften über den Glauben und christliche Werke, die sogar seine Gegner für nützlich und würdig erachten müssten. Deren Widerruf käme einem Verdammen der Wahrheit gleich. Sodann seine Schriften gegen das Papsttum, die ‚Verwüstung der Christenheit', besonders das Ablasswesen und die hieraus erwachsene Ausbeutung. Dies zurückzunehmen hieße, solche Tyrannei noch weiter zu fördern. In einer dritten Gruppe habe er gegen einzelne Personen geschrieben, wobei er zuweilen schärfer und heftiger geworden sei, als es seinem Stand zukäme. Aber er mache sich nicht zu einem Heiligen, sondern streite für die Lehre Christi. Auch hier könne er nicht widerrufen, wenn ihm nicht sein Irrtum bewiesen werde. Er werde die christliche Wahrheit nicht verleugnen, weil ihn sonst Christus vor dem himmlischen Vater verleugnen müsste. Eck erklärte Luther, dass man nicht zusammengekommen sei, um mit ihm zu disputieren, sondern er solle sagen, ob er wiederrufen wolle oder nicht. Luther entgegnete. „Wenn ich nicht aus der heiligen Schrift oder durch klare Vernunftgründe widerlegt werde – denn ich glaube weder dem Papst noch den Konzilien allein, da sie offenbar oft geirrt und sich widersprochen haben –, so weiß ich mich mit den von mir angeführten Sprüchen überzeugt und mein Gewissen in Gottes Wort gefangen. Darum will und kann ich nicht widerrufen, weil es weder sicher noch geraten ist, etwas wider das Gewissen zu tun. Gott helfe mir! Amen!"

Magnuskirche

Luther hielt sich danach noch mehrere Tage in Worms auf, wobei weltliche und geistliche Fürsten versuchten, ihn zu einem gänzlichen oder teilweisen Widerruf zu bewegen. Die Reichsacht wurde mit dem Wormser Edikt vom 26. Mai 1521 über Luther verhängt. Ein Mitwirkender daran war Kurfürst Joachim I. von Brandenburg, der als Gegenleistung das Nominationsrecht über die Landesbistümer von der Kurie bestätigt erhielt. Ein Relief auf der Vorderseite des Wormser Lutherdenkmals zeigt die Szene Luthers vor dem Reichstag. Dieser historische Augenblick hat Worms zur Lutherstadt gemacht, obwohl es außer dem Dom keine baulichen Zeugnisse mehr gibt, die Luther 1521 besucht hat. Sowohl der Bischofshof, in dem der Reichstag stattfand, als auch der Johanniterhof, in dem Luther wohnte, sind durch Kriegseinwirkungen des 17. bis

20. Jahrhunderts zerstört. Erhalten geblieben ist allerdings die ***Magnuskirche***, in der die Stiftsherren von St. Andreas bereits 1521 evangelisch predigten und Kontakt nach Wittenberg hielten. Sie ist somit die älteste evangelische Kirche im deutschen Südwesten. 1540 fand in Worms das Religionsgespräch zwischen Melanchthon und Calvin statt. Der ***Dom St. Peter*** geht in seiner heutigen Gestalt auf einen Neubau der frühen Stauferzeit zurück. 1125 ließen Bischof Burchard II. – genannt Buggo – und sein Nachfolger Konrad II. den Dom nach und nach abreißen und in den Formen der Hoch- und Spätromanik neu errichten. Der Neubau des Domes erfolgte zwischen 1125 und 1181 in drei Abschnitten: 1125–1144: der Ostteil des Domes mit Querschiff, Türmen und Vierungsturm – 1160–1170: der dreischiffige Hauptteil – 1171–1181: der Westchor mit den Türmen und dem Chorturm. 1883 stiftete Maximilian von Heyl mit der ***Lutherbibliothek*** eine umfangreiche private Sammlung von Luther- und Reformationsschriften sowie Lutherbriefen, die heute in der Stadtbibliothek Worms aufbewahrt wird. 1884 hatte Cornelius Wilhelm von Heyl an Stelle des während der Französischen Revolution zerstörten Bischofsschlosses durch den Schweizer Architekten Bluntschli den neobarocken Heylshof errichten lassen, dessen Kunstsammlungen hier bis heute ausgestellt werden. Das ***Städtische Museum im Andreasstift*** erhielt im gleichen Zug ein Lutherzimmer. Erst 1912 wurde die Lutherkirche als Jugendstilbau errichtet. Anlässlich des 125. Jubiläums des Wormser Lutherdenkmals rief man bei einem ersten Treffen der ost- und westdeutschen Lutherstädte 1993 auf Anregung der Stadt Worms den gemeinsamen Preis „Das unerschrockene Wort“ ins Leben, der erstmals 1996 verliehen wurde.

Dom St. Peter

Kunsthaus Heylshof – Standort des alten Bischofspalastes

Zeitz

Das an der Weißen Elster gelegene Zeitz ist die Stadt der Lutheriden – der Nachkommen Luthers. Die lange Reihe begann 1587 mit Martin Luthers Sohn Paul und seinem Enkel Johann Ernst. Beide waren die ersten Inhaber eines Kanonikats an der Zeitzer Stiftskirche St. Peter und Paul, die der sächsische Landesherr den Nachkommen Luthers auf Lebenszeit verliehen hatte. Am Anfang der Zeitzer Lutherlinie standen Johann Ernst Luther und dessen Ehefrau, die Bürgermeistertochter Martha Blumenstengel. Beide hatten 1610 geheiratet und mit ihren acht Kindern die Zeitzer Lutherlinie begründet. Der Familienname Luther reichte bis ins 18. Jahrhundert. Auch danach übten die Nachkommen wichtige Funktionen in der Stadt aus, wirkten, wie Dr. Friedrich Martin Luther von 1726 bis 1742, als Bürgermeister oder Senioren des Stiftskapitels. 1998 verlegte der Luther'sche Familienverband seinen Sitz von Hamburg nach Zeitz.

Wichtiger Bestandteil der Reformationsgeschichte war Zeitz erst 1542 geworden, als der Luther-Freund Nikolaus von Amsdorf (1483–1565) im Beisein des sächsischen Kurfürsten Johann Friedrich, Martin Luthers und Philipp Melanchthons nicht nur in Naumburg, sondern am 20. Januar 1542 auch hier in sein Amt als erster evangelischer Bischof eingeführt wurde. Bei seinem Antrittsgottesdienst zwei Tage später waren Melanchthon und Luther ebenfalls anwesend. Zeitz war in der Folge der Residenzort Amsdorfs. Luthers zweiter Aufenthalt fand 1544 statt, als er für zehn Tage nach Zeitz kam, um sich hier mit Amsdorf über dessen schwierige Lage im Amt des Bischofs auszutauschen. In Zeitz schrieb Luther 1545 auch den berühmten Brief an seine Frau Käthe, Wittenberg zu verlassen. Tatsächlich nahm der Ort eine zentrale Stellung in der Auseinandersetzung von Protestanten und Katholiken ein und fiel nach dem Schmalkaldischen Krieg von 1546/47 kurzzeitig mit Bischof Julius von Pflug noch einmal von 1547 bis 1564 an die Katholiken, bis das Stiftsgebiet nach dessen Tod endgültig an Kursachsen gelangte. Pflugs Wirken stand ganz im Dienst der Versöhnung zwischen der protestantischen und der katholischen Lehre. Er war 1541 vom Domkapitel zum Nachfolger des Bischofs Philipp gewählt worden, doch verhinderte Kurfürst Johann Friedrich von Sachsen dessen Amtsantritt zu Gunsten von Nicolaus von Amsdorf. Pflug, der 1547 sein Amt als letzter Bischof des Bistums Naumburg antrat, gehörte zu den zentralen politischen und kirchenpolitischen Persönlichkeiten in den 1540er Jahren. Seine erhaltene Privatbibliothek ist seit 1564 Teil der Zeitzer Stiftsbibliothek und zählt zu den weltweit bedeutendsten privaten Büchersammlungen des Reformationszeitalters.

Dom St. Peter und Paul

Als Kurfürst Johann Georg I. von Sachsen 1652 in seinem Testament die Aufteilung seines Landes festlegte, entstand neben den Sekundogenituren Sachsen-Merseburg und Sachsen-Weißenfels auch die Sekundogenitur Sachsen-Zeitz. Bereits 1653 übernahm Johann Georgs jüngster Sohn Moritz die Administration über das Stift Naumburg-Zeitz, das aus einer unter Kaiser Otto I. 968 gegründeten Bischofskirche hervorgegangen war, die bis zur Verlegung nach Naumburg 1028 bestand. Fortan diente Zeitz als Sitz eines Kollegiatstifts, von 1657 bis 1718 dann als Sitz der Herzöge von Sachsen-Zeitz. Mitte der 1990er Jahre durchgeführte archäologische Grabungen innerhalb der nach 1028 begonnenen heutigen Domkirche führten zu Befunden des ottonischen Gründungsbauwerkes im Bereich des südlichen Querschiffs und der Vierung, innerhalb des heutigen Baukörpers. Der bekannte Chronist Thietmar von Merseburg (975–1018) nannte Zeitz im Zusammenhang mit einer Königsburg. Im 14. Jahrhundert begann mit der Errichtung des polygonalen Chorabschlusses der Umbau in eine gotische Hallenkirche. Drei Jahre später legte Herzog Moritz den Grundstein zu seiner neuen ***Residenz Moritzburg***, die, von den Architekten Johann Moritz Richter d. Ä. (1620–1667) und dessen Sohn Johann Moritz d. J. (1647–1705) geschaffen und erst 1678 mit einem Dankgottesdienst in der nunmehrigen ***Schlosskirche St. Trinitatis*** abgeschlossen werden konnte. Die Kirche selbst war bereits am 1. Mai 1664 geweiht worden, nachdem vor allem im Innern einige wesentliche Veränderungen vorgenommen worden waren. Dazu gehörte neben dem Einbau der beherrschenden Fürstenloge auch die Anlage der Gruft in der romanischen Krypta der einstigen Stiftskirche. Sie ist eine der ältesten Hallenkrypten in Deutschland. Den Gesamteindruck des spätgotischen Gotteshauses bestimmt jedoch

die Einrichtung als barocke Schlosskirche. Dazu trugen neben der zweigeschossigen, prunkvollen und von Johann Caspar Sandtmann unter maßgeblicher Beteiligung des Hofbildhauers Heinrich Schau geschaffenen Altarschauwand

Dom St. Peter und Paul, Hochaltar und Fürstenstand (rechts)

Schloss Moritzburg

von 1671 die Kanzel von 1674 und die aufwändig gestaltete Fürstenempore in den drei Westjochen von 1664 bei. Besondere Erwähnung verdient die Doppelorgel von 1663, deren Bau von Heinrich Schütz (1585–1672) maßgeblich beeinflusst wurde. Schütz stand Herzog Moritz nach 1663 als Berater für seine zu gründende Hofkapelle und die Kirchenmusik zur Verfügung. Neben einem Orgelwerk auf der Südempore entstand aus Symmetriegründen auf der Nordempore gegenüber eine „stumme Orgel". Am Ende bot das Gotteshaus ideale Voraussetzungen für das Aufführen mehrchöriger Werke von beiden zu Seiten des Chorraumes gelegenen Emporen, ähnlich dem Vorbild Markusdom von Venedig. 1664 weihte der bedeutende Leipziger Organist Werner Fabricius (1633–1679), ein Freund von Schütz, die neue Orgel anlässlich des Kirchweihgottesdienstes ein. 1946 pachtete die katholische Gemeinde den Dom und nutzt ihn seitdem als katholische Pfarrkirche.

In der Sakristei der Zeitzer ***St. Michael-Kirche*** hat sich eine Kostbarkeit der Reformation erhalten, deren Kopie bis heute dort besichtigt werden kann: 1882 entdeckte man hier einen Originaldruck der 95 Thesen Luthers von 1517. Bereits von 1537 an predigte Johann Cramer auf evangelische Weise an der Michaeliskirche. 1539 wurde Eberhard Brißger erster Superintendent des seitdem evangelischen Gotteshauses. 1541 ließ Kurfürst Johann Friedrich von Sachsen das Zeitzer Nonnenkloster St. Stephan auflösen und dessen Vermögen in einen „Gemeinen Kasten" zur Unterstützung der evangelischen Kirchen fließen.

(oben) Schloss Moritzburg, barockes Torhaus

(unten) Kirche St. Michael

Zwickau

Einer Legende zufolge soll Luther bei einem Besuch in Zwickau von wütenden Franziskanern in einen Hinterhalt gelockt worden sein. Da er sich gegen Mönche, die ihm „an den Kragen gehen“ wollten, nicht wehren konnte, floh er über die Muldenbrücke in das erstbeste offen stehende Haus. Drinnen soll er ausgerufen haben: „Gott sei Dank, dass er mich dieses Haus finden ließ. Denn wahrlich, es ward mein Paradies.“ Das Gebäude – ein Wirtshaus – hieß von da an „Das Paradies“. Das Haus an der Reinsdorfer Straße ist nicht erhalten.
In Zwickau als einer der wirtschaftlich bedeutendsten Städte im Kurfürstentum Sachsen fiel die reformatorische Bewegung bei Bürgerschaft und Rat auf besonders fruchtbaren Boden, und die Stadt entwickelte sich neben Wittenberg zu einem Zentrum der Reformation. Die Impulse, die von Luthers Thesenanschlag 1517 in Wittenberg ausgingen, hatten den Nerv der Zwickauer Bürgerschaft getroffen. Viele namhafte Bürger hielten engen Kontakt zu Martin Luther und anderen Reformatoren. Auf Empfehlung Luthers war von 1520 bis 1521 Thomas Müntzer als Prediger an den beiden Stadtkirchen tätig, wodurch sich die Situation in der Stadt verschärfte und radikalisierte. Müntzer wurde entlassen, doch die Unruhen blieben. Religiöse und soziale Spannungen überlagerten sich zunehmend, zumal durch das Auftreten der so genannten Zwickauer Propheten um Nikolaus Storch. Bereits 1521 gestaltete Nikolaus Hausmann, den Gottesdienst nach lutherischen Vorstellungen. Luther selbst predigte zwischen dem 30. April und 2. Mai 1522 viermal in Zwickau und ermahnte die Bevölkerung dabei zu Ruhe und Ordnung. Er widmete seine Schrift „Von der Freiheit eines Christenmenschen“ dem Zwickauer Bürgermeister Hermann Mühlpfort. 1525 wurden sämtliche Gottesdienste in der Stadt in Deutsch gehalten, die Klöster geschlossen und die Mönche der Stadt verwiesen. In der ***Barfüßerkirche des Franziskanerklosters*** am Kornmarkt (heutiger Standort der Westsächsischen Hochschule) predigte Luther am 30. April 1522 zweimal. In dem seit 1231 bestehenden Franziskanerkloster, einem der religiösen Zentren der Stadt, lebten rund 80 Mönche. Eine ihrer Haupteinnahmequellen, der Ablasshandel, machte die Franziskaner zu einer wichtigen Stütze der römisch-katholischen Kirche. Das Kloster wurde 1525 geschlossen und der Klosterbesitz säkularisiert. Fraglich ist, ob Luther in der 1192 erstmals urkundlich erwähnten Stadtkirche St. Marien predigte. Die ***Marienkirche*** bestimmte als Hauptkirche seit dem aus-

Hauptmarkt

gehenden 12. Jahrhundert das religiöse Leben in der Stadt. Während der Reformation wirkten hier seit 1517 Johann Wildenau (genannt Egranus), der im engen Kontakt zu den Wittenberger Reformatoren stand, sowie auf Empfehlung Luthers von 1520 an und als Vertretung für Egranus kurzzeitig Thomas Müntzer. 1521 wurde mit Nikolaus Hausmann der erste evangelische Pfarrer eingesetzt. Auf Hausmanns Anregung hin verfasste Luther den „Kleinen Katechismus". Heute ist die Marienkirche eine der beeindruckendsten spätgotischen Hallenkirchen Sachsens.

Den Kontakt zu Martin Luther hielt seinerzeit der Rektor der Lateinschule und spätere Oberstadtschreiber Stephan Roth (1492–1546), der sich zwischen 1523 und 1527 in Wittenberg aufhielt. Sein ***Wohnhaus am Hauptmarkt*** 2 von 1534 ist heute das schmalste Haus der Stadt. Dank Roth nahm Luther Einfluss auf den Fortgang und die Stabilisierung der Reformation in Zwickau. Allerdings kam es 1531 im Streit um die Besetzung der Pfarrstellen zum Bruch zwischen Luther und Roth, als letzterer sich auf die Seite des Rates stellte.

Dom St. Marien, Blick ins Seitenschiff

Das zuletzt 2008 bis 2011 sanierte und restaurierte ***Rathaus*** entstand 1403 an Stelle eines älteren Vorgängerbaues und wurde 1678/80 bzw. 1866/67 umgebaut. Der historisch wertvollste Innenraum ist die 1473/77 entstandene, von Landrentmeister J. v. Mergenthal (Marienthal) gestiftete Jakobskapelle in Gestalt eines spätgotischen dreijochigen Raumes mit Kreuzrippengewölbe, Renaissanceportal und Ausmalung von 1614. Während Thomas Müntzer in Erasmus Stüler, der Stella genannt wurde, als Bürgermeister und Ratsherr seinen größten Fürsprecher fand, war es Bürgermeister Hermann Mühlpfort (1486–1534), den eine enge Freundschaft mit Luther verband. Mühlpfort war von 1521 bis 1533 Bürgermeister von Zwickau. Auf Bitten des Rates hin predigte der Reformator am 1. Mai 1522 aus einem der Rathausfenster. 1531 kam es im Streit um die Besetzung der Pfarrstellen auch zwischen Luther und Mühlpfort zum Bruch.

Das ehemalige spätgotische ***Wohnhaus von Bürgermeister Hermann Mühlpfort*** am Alten Steinweg 5 ist heute völlig verändert. Nur ein bemerkenswertes zweijochiges Kreuzrippengewölbe blieb erhalten, das in der Eingangshalle zu sehen ist. Unklar ist, ob Luther bei Mühlpfort wohnte, wie es teilweise alte Chroniken überliefern. Daneben wird der Gasthof „Zum schwarzen Adler" am Hauptmarkt 23 (heutiges Heringsches Haus) genannt.

Neben den Predigtorten Barfüßerkirche und Rathausfenster ist ***Schloss Osterstein*** verbürgt, wo Luther am 2. Mai 1522 predigte. Der Name Osterstein taucht erstmals 1509 auf, doch die An-

lage selbst entstand bereits um 1200 und wurde zwischen 1383 und 1405 bzw. 1587 und 1590 aus- und umgebaut. Es galt seinerzeit als eines der repräsentativsten Renaissanceschlösser Sachsens. Zuletzt wurde es 2006 bis 2008 umfassend saniert und restauriert. Die Lutherrezeption in Zwickau ist eng mit der ***Ratsschulbibliothek*** (Lessingstraße 1) verbunden, die 1498 erstmals erwähnt wurde. Sie ist heute die älteste wissenschaftliche und öffentliche Bibliothek Sachsens mit einer der wichtigsten Sammlungen zur Reformationsgeschichte in Deutschland und Europa, darunter Briefe und Drucke von Luther, Melanchthon, Agricola, Jonas, Bugenhagen und Egranus. Zu den Schenkungen gehört der Nachlass des Rektors der Lateinschule, Stephan Roth, der zeitweilig mit Luther befreundet war.

Rathaus

Schloss Osterstein

Luthers Leben kurz und knapp

10.11.1483	Geburt Martin Luthers in Eisleben als Sohn des Bergmanns Hans Luther und dessen Frau Margarethe
1884	Im Frühsommer siedeln die Luthers nach Mansfeld über
1488–1497	Schulbesuch in Mansfeld
1494	Hans Luther wird Hüttenmeister und Gemeindevertreter von Mansfeld
1497–1498	Schulbesuch in Magdeburg
1498–1501	Schulbesuch in Eisenach
Frühjahr 1501	Studienbeginn an der Artistischen Fakultät der Universität Erfurt
29.09.1502	Baccalaureus der Freien Künste
1502	Gründung der Universität Wittenberg
1505	Im Januar Promotion zum Magister Artium
02.07.1505	Gewitter-Erlebnis bei Stotternheim; Gelöbnis, Mönch zu werden
17.07.1505	Klostereintritt bei den Augustiner-Eremiten in Erfurt
04.04.1507	Priesterweihe im Erfurter Dom
02.07.1507	Primiz; Aufnahme des Theologiestudiums
1508	Versetzung in den Konvent von Wittenberg; Luther übernimmt vertretungsweise den Lehrstuhl für Moralphilosophie
1509	Promotion zum Baccalaureus biblicus
1510/11	Romreise Luthers in Ordensangelegenheiten
1512	Promotion zum Doktor der Theologie
1513–1515	Erste Psalmenvorlesung
1515/1516	Römerbriefvorlesung
1517/1518	Hebräerbriefvorlesung

31.10.1517	Anschlag der 95 Thesen über den Ablass an der Wittenberger Schlosskirche; Luther löst die Reformation aus
1518 März	Sermon von Ablass und Gnade
1518 April–Mai	Augustinerkonvent in Heidelberg – 26.04.1518 Heidelberger Disputation
1518	Im Juni wird der römische Prozess gegen Luther eröffnet
12.–14.10.1518	Verhör Luthers durch den päpstlichen Legaten Cajetan in Augsburg
03.–06.01.1519	Luthers Zusammentreffen mit Karl von Miltitz – „Altenburger Schweigeabkommen"
27.06.–16.07.1519	Leipziger Disputation zwischen Luther, Eck und Karlstadt; Luther bestreitet die Unfehlbarkeit des Papstes und des Konzils
15.05.1520	Bannandrohungsbulle „Exsurge domine"
10.12.1520	Luther verbrennt das Kanonische Recht und die päpstliche Bannandrohungsbulle vor dem Elstertor in Wittenberg
03.01.1521	Päpstlicher Bann Luthers „Decet Romanum pontificem"
17./18.04.1521	Luther vor dem Reichstag in Worms; dort lehnt er den von Kaiser Karl V. geforderten Widerruf ab; Ächtung Luthers durch den Kaiser
04.05.1521	Scheinüberfall im Altensteiner Grund / Luthergrund und Verbringung Luthers auf die Wartburg
04.05.1521–01.03.1522	Aufenthalt als Junker Jörg auf der Wartburg; Übersetzung des Neuen Testaments ins Deutsche
08./25.05.1521	Wormser Edikt mit Verhängung der Reichsacht über Luther und dessen Anhänger
1521/22	Beginn der Wittenberger Unruhen (bis zum März 1522)
1522	Im September erscheint Luthers Übersetzung des Neuen Testaments
1523	werden Luthers erste geistliche Lieder veröffentlicht
1524	Im Juni beginnt der Bauernkrieg
1524	Im Oktober legt Luther seine Mönchskutte ab und die Schaupe an
1525	Im April/Mai weitet sich der Bauernkrieg nach Thüringen aus
15.05.1525	Die Bauernaufstände werden niedergeschlagen

13.06.1525	Hochzeit mit der früheren Nonne Katharina von Bora; zuvor war Lucas Cranach d. Ä. bei Katharina von Bora als Brautwerber Luthers aufgetreten
1525	bekennt sich Nürnberg als erste Stadt des Reiches zur Reformation; zum Jahresende erste „Deutsche Messe“
1526	Geburt des Sohnes Hans; erster Speyerer Reichstag
1527	Am 1. Juni wird die erste evangelische Universität in Marburg gegründet
1529	Protestation auf dem Zweiten Speyerer Reichstag
01.–04.10.1529	Marburger Religionsgespräch zwischen Wittenbergern, Oberdeutschen und Schweizern um die Einheit des evangelischen Lagers – es scheitert!
1529	erscheinen Luthers Katechismen
1530 – April bis Oktober	Luther auf der Veste Coburg
1530 – Juni bis November	Augsburger Reichstag
25.06.1530	Übergabe der „Confessio Augustana“ (Augsburger Bekenntnis)
27.02.1531	Gründung des Schmalkaldischen Bundes
1532	Nürnberger Anstand
1533	verfasst Melanchthon neue Statuten für die Universität Wittenberg mit der „Confessio Augustana“ als Lehrnorm
1534	Im September erscheint die erste Gesamtausgabe von Luthers Bibelübersetzung
1536	Luther arbeitet die Schmalkaldischen Artikel aus
1540 – Juni bis Dezember	Religionsgespräche von Hagenau und Worms
1542	weiht Luther Nikolaus von Amsdorf in Naumburg zum Bischof
1544	wird die Torgauer Schlosskirche als erster protestantischer Kirchenbau durch Luther eingeweiht
14.02.1546	Letzte Predigt in der St. Andreaskirche Eisleben
18.02.1546	Luther stirbt in Eisleben
22.02.1546	Beisetzung in der Wittenberger Schlosskirche; die bronzene Grabplatte verbleibt infolge des Schmalkaldischen Krieges in Jena